ΤΟ ΑΠΟΛΥΤΟ ΚΙΝΕΖΙΚΟ ΒΙΒΛΙΟ ΜΑΓΕΙΡΙΚΗΣ ΣΕ ΕΚΠΑΙΔΕΥΣΗ

100 συνταγές με υπέροχες χρωματιστές εικόνες που θα σας βοηθήσουν να αναπαράγετε τα αγαπημένα σας κινέζικα πιάτα σε πακέτο στο σπίτι

Όλγα Ευθυμιάδη

ΠΙΝΑΚΑΣ ΠΕΡΙΕΧΟΜΕΝΩΝ

ΕΙΣΑΓΩΓΗ

Το κινέζικο φαγητό σε πακέτο είναι μια δημοφιλής επιλογή για ένα εύκολο γεύμα που μπορεί να παραδοθεί στο σπίτι σας.

Το Φαγητό στο σπίτι είναι ένα ολοκληρωμένο κινέζικο βιβλίο μαγειρικής που προσφέρει αυθεντικές και εύκολες στη χρήση συνταγές για τα αγαπημένα σας κινέζικα πιάτα σε πακέτο. Είτε είστε λάτρης της πικάντικης κουζίνας του Σετσουάν είτε λαχταράτε τις αλμυρές γεύσεις των καντονέζικων πιάτων, αυτό το βιβλίο μαγειρικής τα έχει όλα.

Σε αυτό το βιβλίο μαγειρικής, θα βρείτε 100 λαχταριστές συνταγές για μια ποικιλία κινέζικων πιάτων, όπως ορεκτικά, φαγητά, σούπες και επιδόρπια. Κάθε συνταγή είναι εύκολο να ακολουθηθεί και περιλαμβάνει λεπτομερείς οδηγίες, καθώς και πληροφορίες για τα συστατικά που χρησιμοποιούνται και την πολιτιστική τους σημασία στην κινέζικη κουζίνα.

Για να κάνετε την μαγειρική σας εμπειρία ακόμα πιο ευχάριστη, κάθε μία από τις 100 συνταγές συνοδεύεται από μια υπέροχα χρωματισμένη εικόνα. Υπάρχουν 100 έγχρωμες εικόνες (μία για κάθε συνταγή), που σας βοηθούν να αναπαράγετε εύκολα τα αγαπημένα σας κινέζικα πιάτα σε πακέτο στο σπίτι.

Είτε είστε νέος στην κινέζικη μαγειρική είτε είστε έμπειρος σεφ, το Φαγητό στο σπίτι είναι το τέλειο βιβλίο μαγειρικής για εσάς. Με τις αυθεντικές συνταγές και τις εύκολες οδηγίες του, μπορείτε να απολαύσετε τα αγαπημένα σας κινέζικα πιάτα από την άνεση του σπιτιού σας

Τι θα γινόταν αν μπορούσατε να φτιάξετε τα ίδια ή καλύτερης ποιότητας γεύματα με ένα κλάσμα του κόστους γνωρίζοντας κάθε συστατικό του φαγητού σας χωρίς να θυσιάσετε τη γεύση;

Αυτό ακούγεται σαν ένας νικηφόρος συνδυασμός και αυτό το βιβλίο με κινέζικες συνταγές Take Out εκπληρώνει αυτή την υπόσχεση!

1. Γλυκόξινο κοτόπουλο

Κάνει: 8

ΣΥΣΤΑΤΙΚΑ:
- 1 (8 ουγγιές) κονσέρβα κομμάτια ανανά, στραγγισμένα (με κράτηση χυμού)
- ¼ φλιτζάνι άμυλο καλαμποκιού
- 1¾ Φλιτζάνια Νερό, χωρισμένο
- ¾ Φλιτζάνι λευκή ζάχαρη
- ½ φλιτζάνι αποσταγμένο λευκό ξύδι
- 2 σταγόνες πορτοκαλί χρώμα τροφίμων
- 8 Μισά στήθη κοτόπουλου χωρίς πέτσα, χωρίς κόκαλα, σε κύβους
- 2 ¼ φλιτζάνια αλεύρι που φουσκώνει μόνο του
- 2 κουταλιές της σούπας φυτικό λάδι
- 2 κουταλιές της σούπας άμυλο καλαμποκιού
- ½ κουταλάκι του γλυκού αλάτι
- ¼ κουταλάκι του γλυκού αλεσμένο λευκό πιπέρι
- 1 Αυγό
- 1 ½ Φλιτζάνι Νερό
- 1 τέταρτο φυτικό λάδι για τηγάνισμα
- 2 πράσινες πιπεριές, κομμένες σε κομμάτια 1 ίντσας

ΟΔΗΓΙΕΣ:

a) Σε ένα τηγάνι προσθέστε 1 ½ φλιτζάνι νερό με ξύδι, χυμό ανανά, ζάχαρη και πορτοκαλί χρώμα τροφίμων. Αφήνουμε να ψηθεί μέχρι να σιγοβράσει από τη φωτιά.

b) Τώρα συνδυάστε ¼ φλιτζάνι άμυλο καλαμποκιού με ¼ φλιτζάνι νερό και ρίξτε στο τηγάνι ανακατεύοντας συνεχώς. Τοποθετήστε στην άκρη.

c) Σε ένα μπολ προσθέτουμε το αλεύρι, 2 κουταλιές της σούπας άμυλο καλαμποκιού, το αυγό, 2 κουταλιές της σούπας λάδι, αλάτι νερό και άσπρο πιπέρι. Ανακατέψτε καλά.

d) Τώρα προσθέστε κομμάτια κοτόπουλου σε αυτό το κουρκούτι και ανακατέψτε.

e) Ζεσταίνουμε το λάδι στο τηγάνι και προσθέτουμε κομμάτια κοτόπουλου, τηγανίζουμε μέχρι να ροδίσουν καλά.

f) Μεταφέρετε στο πιάτο σερβιρίσματος με πιπεριά και κομμάτι ανανά και από πάνω με καυτερή σάλτσα.

2. Κέικ πράσινου κρεμμυδιού

Κάνει: 8

ΣΥΣΤΑΤΙΚΑ:

- 3 φλιτζάνια αλεύρι ψωμιού
- 1 ¼ φλιτζάνι βραστό νερό
- 2 κουταλιές της σούπας φυτικό λάδι
- Αλάτι και πιπέρι για να γευτείς
- 1 Ματσάκι πράσινα κρεμμυδάκια, ψιλοκομμένα
- 2 κουταλάκια του γλυκού φυτικό λάδι

ΟΔΗΓΙΕΣ:

a) Σε ένα μπολ προσθέτουμε το αλεύρι και το νερό, ζυμώνουμε μια ζύμη και σκεπάζουμε με πλαστική λαμαρίνα. Αφήστε το για 30 λεπτά.

b) Χωρίστε τη ζύμη σε 16 ίσα μέρη και ανοίξτε το καθένα σε φύλλο πάχους ¼ ίντσας.

c) Αλείφουμε με λάδι και αλατοπιπερώνουμε.

d) Προσθέστε 1 κουταλιά της σούπας φρέσκο κρεμμύδι και τυλίξτε σε ρολό σε στυλ πούρου.

e) Ανοίξτε ξανά σε φύλλο ¼ ίντσας.

f) Ζεσταίνουμε το λάδι στο τηγάνι και τηγανίζουμε κάθε κέικ μέχρι να ροδίσει όμορφα και από τις δύο πλευρές.

g) Σερβίρουμε και απολαμβάνουμε.

3. Κοτόπουλο Kung Pao

Κάνει: 4

ΣΥΣΤΑΤΙΚΑ:
● 1 κιλό Μισά στήθη κοτόπουλου χωρίς πέτσα, χωρίς κόκαλα, σε κύβους
● 2 κουταλιές της σούπας λευκό κρασί
● 2 κουταλιές της σούπας σάλτσα σόγιας
● 2 κουταλιές της σούπας σησαμέλαιο, χωρισμένο
● 2 κουταλιές της σούπας άμυλο καλαμποκιού, διαλυμένο σε 2 κουταλιές της σούπας νερό
● 1 ουγγιά ζεστή πάστα Χιλής
● 1 κουταλάκι του γλυκού αποσταγμένο λευκό ξύδι
● 2 κουταλάκια του γλυκού καστανή ζάχαρη
● 4 Πράσινα κρεμμυδάκια, ψιλοκομμένα
● 1 κουταλιά της σούπας σκόρδο ψιλοκομμένο
● 1 (8 ουγγιές) μπορεί να ποτίσει κάστανα
● 4 ουγγιές ψιλοκομμένα φιστίκια

ΟΔΗΓΙΕΣ:
a) Σε ένα μπολ προσθέτουμε 1 κουταλιά της σούπας σάλτσα σόγιας, το λάδι, 1 κουταλιά της σούπας κρασί, το άμυλο καλαμποκιού και ανακατεύουμε καλά.
b) Προσθέστε κομμάτια κοτόπουλου και ανακατέψτε να ενωθούν.
c) Σκεπάζουμε και βάζουμε στο ψυγείο για 30 λεπτά.
d) Σε μια κατσαρόλα προσθέτουμε 1 κουταλιά της σούπας κρασί, λάδι, 1 κουταλιά της σούπας σάλτσα σόγιας, το καλαμποκάλευρο, το κρεμμύδι, τα νεροκάστανα, τα φιστίκια και το σκόρδο. Μαγειρέψτε για 5-10 λεπτά.
e) Σε ξεχωριστό τηγάνι προσθέτουμε το κοτόπουλο και τηγανίζουμε για 10-15 λεπτά και μετά μεταφέρουμε σε σάλτσα.
f) Μαγειρέψτε για 10-15 λεπτά και στη συνέχεια σβήστε τη φωτιά.

4. Κινέζικα Spareribs

Κάνει: 2

ΣΥΣΤΑΤΙΚΑ:
- 3 κουταλιές της σούπας σάλτσα Hoisin
- 1 κουταλιά της σούπας κέτσαπ
- 1 κουταλιά της σούπας μέλι
- 1 κουταλιά της σούπας σάλτσα σόγιας
- 1 κουταλιά της σούπας σάκε
- 1 κουταλάκι του γλυκού ξύδι ρυζιού
- 1 κουταλάκι του γλυκού χυμό λεμονιού
- 1 κουταλάκι του γλυκού τριμμένο φρέσκο τζίντζερ
- ½ κουταλάκι του γλυκού τριμμένο φρέσκο σκόρδο
- ¼ κουταλάκι του γλυκού κινέζικη σκόνη πέντε μπαχαρικών
- 1 Λίρα Ανταλλακτικά Χοιρινού Κρέατος

ΟΔΗΓΙΕΣ:
a) Σε ένα μπολ προσθέστε μέλι, κέτσαπ, σάλτσα σόγιας, σάλτσα hoisin, σάκε, χυμό λεμονιού, ξύδι ρυζιού, τζίντζερ, σκόνη πέντε μπαχαρικών και σκόρδο. Ανακατέψτε για να συνδυάσετε.

b) Προσθέστε τα παϊδάκια σε αυτό το μείγμα και ανακατέψτε να καλυφθούν καλά. Τοποθετούμε στο ψυγείο για 2-3 ώρες.

c) Προθερμαίνουμε τον φούρνο στους 325 βαθμούς.

d) Προσθέστε νερό στο δίσκο κρεατοπαραγωγής έτσι ώστε ο πάτος να καλύπτεται. Τοποθετήστε το ράφι σε αυτό το ράφι και μεταφέρετε νευρώσεις σε αυτό το ράφι.

e) Μεταφέρετε τη σχάρα στο φούρνο.

f) Αφήνουμε να ψηθούν για 40 λεπτά μέχρι να ροδίσουν.

g) Σερβίρουμε ζεστό και απολαμβάνουμε.

5. Κινέζικο τηγανητό ρύζι κοτόπουλου

Κάνει: 4

ΣΥΣΤΑΤΙΚΑ:
- 1 Αυγό
- 1 κουταλιά της σούπας νερό
- 1 κουταλιά της σούπας βούτυρο
- 1 κουταλιά της σούπας φυτικό λάδι
- 1 Κρεμμύδι, ψιλοκομμένο
- 2 φλιτζάνια μαγειρεμένο λευκό ρύζι, κρύο
- 2 κουταλιές της σούπας σάλτσα σόγιας
- 1 κουταλάκι του γλυκού αλεσμένο μαύρο πιπέρι
- 1 φλιτζάνι μαγειρεμένο, ψιλοκομμένο κρέας κοτόπουλου

ΟΔΗΓΙΕΣ:
a) Πάρτε ένα μπολ, προσθέστε νερό και αυγό, χτυπήστε καλά.

b) Λιώνουμε το βούτυρο στο τηγάνι προσθέτουμε το μείγμα των αυγών μας και μαγειρεύουμε για 1-2 λεπτά. Κόβουμε σε κομμάτια αφού το βγάλουμε από τη φωτιά.

c) Παίρνουμε μια κατσαρόλα και ζεσταίνουμε λάδι, τσιγαρίζουμε το κρεμμύδι για 1-2 λεπτά.

d) Προσθέστε το κοτόπουλο, τη σάλτσα σόγιας, το πιπέρι και τηγανίστε για 5 λεπτά.

e) Τώρα προσθέστε το μαγειρεμένο αυγό και το μαγειρεμένο ρύζι, ανακατέψτε καλά και σβήστε τη φωτιά.

f) Σερβίρισμα.

6. Γαρίδες Szechwan

Κάνει: 4

ΣΥΣΤΑΤΙΚΑ:

- 4 κουταλιές της σούπας νερό
- 2 κουταλιές της σούπας κέτσαπ
- 1 κουταλιά της σούπας σάλτσα σόγιας
- 2 κουταλάκια του γλυκού άμυλο καλαμποκιού
- 1 κουταλάκι του γλυκού μέλι
- ½ κουταλάκι του γλυκού τριμμένο κόκκινο πιπέρι
- ¼ κουταλάκι του γλυκού αλεσμένο τζίντζερ
- 1 κουταλιά της σούπας φυτικό λάδι
- ¼ φλιτζάνι πράσινα κρεμμυδάκια σε φέτες
- 4 Σκελίδες Σκόρδο, ψιλοκομμένες
- 12 ουγγιές μαγειρεμένες γαρίδες, αφαιρέθηκαν οι ουρές

ΟΔΗΓΙΕΣ:

a) Πάρτε ένα δοχείο και συνδυάστε κέτσαπ, νερό, σάλτσα σόγιας, πιπεριά, μέλι, τζίντζερ και άμυλο καλαμποκιού. Τοποθετήστε στην άκρη.

b) Ζεσταίνουμε το λάδι στο τηγάνι και σοτάρουμε το κρεμμύδι με το σκόρδο για 1-2 λεπτά.

c) Τώρα προσθέστε τις γαρίδες και τηγανίστε για 5 λεπτά.

d) Ρίχνουμε τη σάλτσα και ανακατεύουμε καλά.

e) Μαγειρέψτε για 10-15 λεπτά σε μέτρια φωτιά ή μέχρι να αφρίσει η σάλτσα.

7. Εστιατόριο μοσχάρι και μπρόκολο

Κάνει: 4

ΣΥΣΤΑΤΙΚΑ:
- ⅓ Φλιτζάνι σάλτσα στρειδιών
- 2 κουταλάκια του γλυκού Ασιατικό (ψημένο) σησαμέλαιο
- ⅓ Κύπελλο Sherry
- 1 κουταλάκι του γλυκού σάλτσα σόγιας
- 1 κουταλάκι του γλυκού λευκή ζάχαρη
- 1 κουταλάκι του γλυκού άμυλο καλαμποκιού¾ λίβρα μοσχαρίσιο στρογγυλή μπριζόλα, κομμένη σε λωρίδες πάχους ⅛-ιντσών
- 3 κουταλιές της σούπας φυτικό έλαιο, συν περισσότερες αν χρειαστεί
- 1 λεπτή φέτα φρέσκιας ρίζας τζίντζερ
- 1 σκελίδα σκόρδο, ξεφλουδισμένη και θρυμματισμένη
- 1 λίβρα μπρόκολο, κομμένο σε λουλούδια

ΟΔΗΓΙΕΣ:
a) Σε ένα μεσαίο μπολ προσθέστε το σησαμέλαιο, τη ζάχαρη, τη σάλτσα σόγιας, το καλαμποκάλευρο, τη σάλτσα στρειδιών και το σέρι, ανακατέψτε καλά.

b) Προσθέστε κομμάτια μπριζόλες και τρίψτε το μείγμα πάνω από μπριζόλες με καθαρά χέρια. Τοποθετούμε στο ψυγείο για 30 λεπτά.

c) Ζεσταίνουμε το λάδι σε κατσαρόλα και τσιγαρίζουμε το σκόρδο τζίντζερ για 1-2 λεπτά.

d) Αφαιρέστε το σκόρδο τζίντζερ και προσθέστε το μπρόκολο και τηγανίστε για 6-7 λεπτά. Μεταφέρετε σε πιατέλα και αφήστε στην άκρη.

e) Τώρα στην ίδια κατσαρόλα προσθέτουμε τις μπριζόλες και τις αφήνουμε να ψηθούν μέχρι να μαλακώσουν.

f) Μεταφέρετε το τηγανισμένο μπρόκολο και μαγειρέψτε για 4-5 λεπτά.

g) Σερβίρουμε και απολαμβάνουμε.

8. Γενικό κοτόπουλο

Κάνει: 6

ΣΥΣΤΑΤΙΚΑ:
- 4 φλιτζάνια φυτικό λάδι για τηγάνισμα
- 1 Αυγό
- 1 ½ κιλό Μπούτια κοτόπουλου χωρίς κόκαλα, χωρίς πέτσα, σε κύβους
- 1 Κουταλάκι Αλάτι
- 1 κουταλάκι του γλυκού λευκή ζάχαρη
- 1 πρέζα λευκό πιπέρι
- 1 φλιτζάνι άμυλο καλαμποκιού
- 2 κουταλιές της σούπας φυτικό λάδι
- 3 κουταλιές της σούπας ψιλοκομμένο πράσινο κρεμμύδι
- 1 Σκελίδα Σκόρδο, Ψιλοκομμένη
- 6 αποξηραμένα ολόκληρα κόκκινα τσίλι
- 1 Ξύσμα πορτοκαλιού
- ½ φλιτζάνι λευκή ζάχαρη
- ¼ κουταλάκι του γλυκού αλεσμένο τζίντζερ
- 3 κουταλιές της σούπας ζωμός κοτόπουλου
- 1 κουταλιά της σούπας ξύδι ρυζιού
- ¼ φλιτζάνι σάλτσα σόγιας
- 2 κουταλάκια του γλυκού σησαμέλαιο
- 2 κουταλιές της σούπας φυστικέλαιο
- 2 κουταλάκια του γλυκού άμυλο καλαμποκιού
- ¼ φλιτζάνι νερό

ΟΔΗΓΙΕΣ:

a) Σε ένα μπολ προσθέτουμε τα αυγά, το αλάτι, το άσπρο πιπέρι, 1 φλιτζάνι άμυλο καλαμποκιού, τη ζάχαρη και χτυπάμε καλά.

b) Προσθέστε κύβους κοτόπουλου, ανακατέψτε καλά.

c) Ζεσταίνουμε 3 φλιτζάνια φυτικό λάδι στο τηγάνι και προσθέτουμε κύβους κοτόπουλου και αφήνουμε να ψηθούν μέχρι να ροδίσουν.

d) Στη συνέχεια μεταφέρετε σε απορροφητικό χαρτί και στραγγίστε το περιττό λάδι.

e) Σε μια κατσαρόλα ζεσταίνουμε 2 κουταλιές της σούπας φυτικό λάδι και σοτάρουμε το κρεμμύδι, το ξύσμα πορτοκαλιού, το τσίλι και το σκόρδο για 1-2 λεπτά.

f) Τώρα προσθέστε ζωμό κοτόπουλου, 1,2 φλιτζάνι ζάχαρη, ξύδι, σησαμέλαιο, τζίντζερ, σάλτσα σόγιας και φυστικέλαιο. Αφήνουμε να βράσουν για 3 λεπτά.

g) Σε νερό προσθέτουμε 2 κουταλιές της σούπας άμυλο καλαμποκιού, ανακατεύουμε καλά και αδειάζουμε σε κατσαρόλα ανακατεύοντας συνεχώς. Μαγειρέψτε για 1-2 λεπτά.

h) Τώρα προσθέστε το κοτόπουλο και αφήστε το να ψηθεί μέχρι να πήξει η σάλτσα.

i) Σερβίρουμε και απολαμβάνουμε.

9. Ασιατική σαλάτα κοτόπουλου

Κάνει: 6

ΣΥΣΤΑΤΙΚΑ:

- 2 κουταλιές της σούπας καστανή ζάχαρη
- 2 κουταλάκια του γλυκού σάλτσα σόγιας
- 1 κουταλιά της σούπας σησαμέλαιο (προαιρετικά)
- ¼ Φλιτζάνι Φυτικό Έλαιο
- 3 κουταλιές της σούπας ξύδι ρυζιού
- 1 (8 ουγγιές) συσκευασία αποξηραμένα noodles ρυζιού
- 1 κεφάλι μαρούλι Iceberg - ξεπλυμένο, αποξηραμένο και ψιλοκομμένο
- 4 μισά στήθη κοτόπουλου χωρίς κόκαλα, μαγειρεμένα και τεμαχισμένα
- 3 Πράσινα κρεμμυδάκια, ψιλοκομμένα
- 1 κουταλιά της σούπας σουσάμι, φρυγανισμένο

ΟΔΗΓΙΕΣ:

a) Πάρτε ένα μπολ και προσθέστε τη σάλτσα σόγιας, τη μαύρη ζάχαρη, το λάδι σαλάτας, το σησαμέλαιο, το ξύδι ρυζιού, ανακατέψτε καλά και αφήστε στην άκρη για 30 λεπτά.

b) Σε μια κατσαρόλα ρίχνουμε λίγες σταγόνες λάδι με τα noodles και τηγανίζουμε καλά. Μαγειρέψτε όταν φουσκώσει καλά.

c) Σε ένα μπολ προσθέτουμε το ψιλοκομμένο κοτόπουλο, το σουσάμι του μαρουλιού iceberg και το πράσινο κρεμμύδι, ανακατεύουμε να ενωθούν. Τοποθετούμε στο ψυγείο για 10 λεπτά.

d) Προσθέστε τα μαγειρεμένα noodles και ανακατέψτε καλά.

e) Περιχύνουμε με dressing τη σαλάτα και σερβίρουμε.

10. Μπριζόλα κινέζικης πιπεριάς

Κάνει: 4

ΣΥΣΤΑΤΙΚΑ:
- Μπριζόλα 1 λίβρας μοσχαρίσιο φιλέτο, κόψτε σε φέτες 1 ίντσας.
- ¼ φλιτζάνι σάλτσα σόγιας
- 2 κουταλιές της σούπας λευκή ζάχαρη
- 2 κουταλιές της σούπας άμυλο καλαμποκιού
- ½ κουταλάκι του γλυκού αλεσμένο τζίντζερ
- 3 κουταλιές της σούπας φυτικό λάδι, χωρισμένα
- 1 κόκκινο κρεμμύδι, κομμένο σε τετράγωνα 1 ίντσας
- 1 πράσινη πιπεριά, κομμένη σε τετράγωνα 1 ίντσας
- 2 ντομάτες, κομμένες σε φέτες

ΟΔΗΓΙΕΣ:
a) Σε ένα μπολ προσθέστε το άμυλο καλαμποκιού, το τζίντζερ, τη σάλτσα σόγιας και τη ζάχαρη, ανακατέψτε να ενωθούν.
b) Προσθέστε τις μπριζόλες και ανακατέψτε καλά.
c) Ζεσταίνουμε 1 κουταλιά της σούπας λάδι σε μια κατσαρόλα και τηγανίζουμε τις μπριζόλες σε καυτό λάδι μέχρι να ροδίσουν καλά.
d) Προσθέστε το κρεμμύδι και αφήστε το να ψηθεί μέχρι να μαλακώσει το κρεμμύδι.
e) Προσθέστε πράσινο πιπέρι και ανακατέψτε καλά.
f) Όταν η πιπεριά αρχίσει να αλλάζει χρώμα προσθέτουμε τις ντομάτες και ανακατεύουμε καλά.
g) Μαγειρέψτε για 3-4 λεπτά και μετά μεταφέρετε στο ταψί σερβιρίσματος.
h) Απολαμβάνω.

11. Ασιατικό κοτόπουλο στη σχάρα

Κάνει: 4

ΣΥΣΤΑΤΙΚΑ:
- ¼ φλιτζάνι σάλτσα σόγιας
- 4 κουταλάκια του γλυκού σησαμέλαιο
- 2 κουταλιές της σούπας μέλι
- 3 φέτες φρέσκια ρίζα τζίντζερ
- 2 Σκελίδες Σκόρδο, ψιλοκομμένες
- 4 μισά στήθη κοτόπουλου χωρίς πέτσα και κόκαλα

ΟΔΗΓΙΕΣ:
a) Σε ένα μπολ προσθέτουμε το μέλι, τη σάλτσα σόγιας, το λάδι, το τζίντζερ και το σκόρδο, ανακατεύουμε καλά. Το μπολ πρέπει να είναι ασφαλές για φούρνο μικροκυμάτων.

b) Τοποθετήστε στο φούρνο μικροκυμάτων για 30 δευτερόλεπτα.

c) Προσθέστε το κοτόπουλο και ανακατέψτε να ενωθεί.

d) Προθερμαίνουμε το γκριλ σε μέτρια φωτιά και αλείφουμε με λάδι.

e) Αφαιρούμε τη μαρινάδα από το κοτόπουλο και αδειάζουμε στην κατσαρόλα. Βράζουμε για 1-2 λεπτά. Τοποθετήστε στην άκρη.

f) Τοποθετούμε το κοτόπουλο σε ζεστό γκριλ και ψήνουμε μέχρι να ροδίσει και από τις δύο πλευρές.

g) Περιχύστε το μαριναρισμένο κοτόπουλο φούρνου και ψήστε για άλλα 1-2 λεπτά.

12. Σούπα με σταγόνες αυγών

Κάνει: 4

ΣΥΣΤΑΤΙΚΑ:

● 2 κονσέρβες (14,5 ουγγιές) Ζωμός κοτόπουλου
● 1 κουταλιά της σούπας άμυλο καλαμποκιού
● 1 Αυγό ελαφρά χτυπημένο
● 2 κουταλιές της σούπας ψιλοκομμένο πράσινο κρεμμύδι

ΟΔΗΓΙΕΣ:

a) Σε μια κατσαρόλα προσθέτουμε το άμυλο καλαμποκιού και το ζωμό κοτόπουλου, ανακατεύουμε καλά σε μέτρια φωτιά.

b) Τώρα περιχύστε τα χτυπημένα αυγά σε κατσαρόλα ανακατεύοντας συνεχώς.

c) Μεταφέρετε σε μπολ σερβιρίσματος και ρίξτε φρέσκα κρεμμυδάκια.

13. Κουλουράκια της τύχης

Κάνει: 6

ΣΥΣΤΑΤΙΚΑ:
- 1 ασπράδι αυγού
- ⅛ κουταλάκι του γλυκού εκχύλισμα βανίλιας
- 1 Πρέζα Αλάτι
- ¼ φλιτζάνι αλεύρι για όλες τις χρήσεις
- ¼ φλιτζάνι λευκή ζάχαρη

ΟΔΗΓΙΕΣ:
a) Προθερμαίνουμε τον φούρνο στους 355 βαθμούς.

b) Αλείφουμε ένα φύλλο μπισκότων με βούτυρο.

c) Στο ασπράδι προσθέτουμε τη βανίλια μέχρι να αφρατέψει.

d) Προσθέστε το κοσκινισμένο αλεύρι, τη ζάχαρη και το αλάτι, στο μείγμα των αυγών και χτυπήστε καλά.

e) Μεταφέρετε 1 κουταλιά της σούπας κουρκούτι σε φύλλα μπισκότων σε απόσταση 4 ιντσών μεταξύ τους.

f) Δώστε το στρογγυλό σχήμα στο κουρκούτι γέρνοντας το φύλλο.

g) Μεταφέρουμε στο φούρνο και ψήνουμε για 5 λεπτά.

h) Αφού τα βγάλουμε από το φούρνο, τοποθετήστε τα μπισκότα σε ξύλινη σανίδα.

i) Τώρα τοποθετήστε την τύχη πάνω από τα μπισκότα τακτοποιημένα στο κέντρο και διπλώστε το μπισκότο από τη μέση. Τοποθετήστε τις λυγισμένες άκρες μέσα από το χείλος του κυπέλλου.

14. Λαχανικό Lo Mein

Κάνει: 4

ΣΥΣΤΑΤΙΚΑ:
- 8 ουγγιές άψητα μακαρόνια
- ¼ Φλιτζάνι Φυτικό Έλαιο
- 2 φλιτζάνια μανιτάρια φρέσκα σε φέτες
- 1 Φλιτζάνι καρότα ψιλοκομμένα
- ½ φλιτζάνι κόκκινες πιπεριές σε φέτες
- 1 Κρεμμύδι, ψιλοκομμένο
- 2 Σκελίδες Σκόρδο, ψιλοκομμένες
- 2 φλιτζάνια Φρέσκα φύτρα φασολιών
- ½ φλιτζάνι πράσινα κρεμμυδάκια ψιλοκομμένα
- 1 κουταλιά της σούπας άμυλο καλαμποκιού
- 1 Φλιτζάνι Ζωμός Κοτόπουλου
- ¼ φλιτζάνι σάλτσα Hoisin
- 2 κουταλιές της σούπας μέλι
- 1 κουταλιά της σούπας σάλτσα σόγιας
- 1 κουταλάκι του γλυκού τριμμένο φρέσκο τζίντζερ
- ¼ κουταλάκι του γλυκού πιπέρι καγιέν
- ¼ κουταλάκι του γλυκού κάρυ σε σκόνη

ΟΔΗΓΙΕΣ:

a) Πάρτε μια κατσαρόλα και γεμίστε με 2-3 φλιτζάνια νερό με ½ κουταλάκι του γλυκού αλάτι. Αφήνουμε να βράσει.

b) Προσθέστε τα ζυμαρικά και μαγειρέψτε για 8-9 λεπτά. Στραγγίζουμε και αφήνουμε στην άκρη.

c) Ζεσταίνουμε το λάδι στο τηγάνι και τσιγαρίζουμε τα μανιτάρια, το κρεμμύδι, το καρότο, την πιπεριά και το σκόρδο για 5-6 λεπτά.

d) Προσθέστε τα φασόλια, το φρέσκο κρεμμύδι, τα φύτρα και ανακατέψτε για 1 λεπτό.

e) Παίρνουμε ένα μπολ προσθέτουμε το ζωμό κότας, το καλαμποκάλευρο και ανακατεύουμε καλά.

f) Ρίξτε αυτό το μείγμα στο stir fry.

g) Προσθέστε τζίντζερ, σάλτσα hoisin, πιπέρι καγιέν, μέλι και σκόνη κάρυ. Ανακατέψτε καλά.

h) Αφήνουμε να ψηθεί για 5-10 λεπτά.

i) Μεταφέρετε τα μακαρόνια και ανακατεύετε.

j) Σερβίρισμα.

15. Κοτοπουλο λεμονατο

Κάνει: 6

ΣΥΣΤΑΤΙΚΑ:
- 3 κιλά στήθη κοτόπουλου χωρίς κόκαλα, κομμένα σε κομμάτια 2 ιντσών
- 1 κουταλιά της σούπας ξηρό σέρι
- 1 κουταλιά της σούπας σάλτσα σόγιας
- ½ κουταλάκι του γλυκού αλάτι
- 2 αυγα
- 2 Φλιτζάνια Φυτικό Έλαιο
- ¼ φλιτζάνι άμυλο καλαμποκιού
- ½ κουταλάκι του γλυκού Baking Powder
- ⅓ Φλιτζάνι λευκή ζάχαρη
- 1 κουταλιά της σούπας άμυλο καλαμποκιού
- 1 Φλιτζάνι Ζωμός Κοτόπουλου
- 1 κουταλιά της σούπας χυμό λεμονιού
- 1 Κουταλάκι Αλάτι
- 1 Λεμόνι, κομμένο σε φέτες
- 2 κουταλιές της σούπας φυτικό λάδι

ΟΔΗΓΙΕΣ:

a) Πάρτε ένα μπολ και προσθέστε το κοτόπουλο, τη σάλτσα σόγιας, ½ κουταλάκι του γλυκού αλάτι και τη σάλτσα σέρι, ανακατέψτε καλά.

b) Σκεπάζουμε και βάζουμε στο ψυγείο για 20 λεπτά.

c) Σε ξεχωριστό μπολ προσθέτουμε το καλαμποκάλευρο, τα αυγά και το μπέικιν πάουντερ και χτυπάμε καλά.

d) Προσθέστε κομμάτια κοτόπουλου και ανακατέψτε καλά. Τοποθετήστε στην άκρη.

e) Ζεσταίνουμε 2 φλιτζάνια λάδι σε βαθύ τηγάνι και τηγανίζουμε κομμάτια κοτόπουλου σε παρτίδες.

f) Αφήνουμε να τηγανιστούν μέχρι να ροδίσουν.

g) Απλώστε σε χαρτί κουζίνας για να στραγγίξει το περιττό λάδι.

h) Σε ένα μπολ προσθέτουμε τη ζάχαρη, το ζωμό, 1 κουταλάκι του γλυκού αλάτι, 1 κουταλιά της σούπας φέτες λεμονιού και το χυμό λεμονιού, ανακατεύουμε.

i) Σε μια κατσαρόλα ζεσταίνουμε 2 κουταλιές της σούπας λάδι και ανακατεύουμε με το μείγμα λεμονιού.

j) Μαγειρέψτε μέχρι να πήξει ελαφρά η σάλτσα.

k) Περιχύστε το κοτόπουλο και σερβίρετε.

16. Καβούρι Ρανγκούν

Κάνει: 10

ΣΥΣΤΑΤΙΚΑ:
- Συσκευασία 1 (14 ουγγιών) Περιτυλίγματα Small Won Ton
- 2 (8 ουγγιές) συσκευασίες Τυρί κρέμα, μαλακωμένο
- 1 κουταλάκι του γλυκού ψιλοκομμένη φρέσκια ρίζα τζίντζερ
- ½ κουταλάκι του γλυκού ψιλοκομμένο φρέσκο κόλιανδρο
- ½ κουταλάκι του γλυκού αποξηραμένος μαϊντανός
- 3 κουταλιές της σούπας σάλτσα μαύρης σόγιας
- 1 λίβρα καβούρι, ψιλοκομμένο
- 1 τέταρτο λάδι για τηγάνισμα

ΟΔΗΓΙΕΣ:
a) Ζεσταίνουμε λάδι στο τηγάνι.

b) Πάρτε ένα μπολ και προσθέστε σάλτσα σόγιας, τζίντζερ, σκόρδο, κόλιανδρο, καβούρι, μαϊντανό και το τυρί κρέμα, ανακατέψτε καλά.

c) Απλώστε το wonton περιτύλιγμα σε καθαρή επιφάνεια και βάλτε 1 κουταλάκι του γλυκού μείγμα με τυρί κρέμα.

d) Διπλώστε το περιτύλιγμα στη γέμιση για να σχηματίσετε ένα τρίγωνο ή ένα μισό φεγγάρι.

e) Βουρτσίστε τις άκρες με νερό, επαναλάβετε τα ίδια βήματα για όλα τα περιτυλίγματα. Σκεπάζουμε με υγρή πιπεριά.

f) Μεταφέρετε 3-4 wontons σε καυτό λάδι και μαγειρέψτε μέχρι να ροδίσουν.

g) Τοποθετούμε σε απορροφητικό χαρτί για να στραγγίξει το περιττό λάδι.

h) Σερβίρετε ζεστό.

17. Stir-Fried Snow Peas

ΣΥΣΤΑΤΙΚΑ:

- 2 κουταλιές της σούπας φυτικό λάδι
- 2 καθαρισμένες φέτες φρέσκου τζίντζερ, η καθεμία περίπου στο μέγεθος ενός τετάρτου
- Αλάτι kosher
- ¾ λίβρα αρακά χιονιού ή μπιζέλια ζάχαρης, αφαιρέστε τα κορδόνια

ΟΔΗΓΙΕΣ:

a) Ζεσταίνουμε ένα γουόκ σε μέτρια προς δυνατή φωτιά μέχρι να ροδίσει μια σταγόνα νερού και να εξατμιστεί όταν έρθει σε επαφή. Ρίχνουμε το λάδι και ανακατεύουμε να καλύψει τη βάση του γουόκ. Αλατοπιπερώστε το λάδι προσθέτοντας τις φέτες τζίντζερ και μια πρέζα αλάτι. Αφήστε το τζίντζερ να ροδίσει στο λάδι για περίπου 30 δευτερόλεπτα, στροβιλίζοντας απαλά.

b) Προσθέστε τον αρακά και, χρησιμοποιώντας μια σπάτουλα γουόκ, αλείψτε τα με λάδι. Τηγανίζουμε για 2 έως 3 λεπτά, μέχρι να γίνει έντονο πράσινο και τραγανό.

c) Μεταφέρετε σε μια πιατέλα και πετάξτε το τζίντζερ. Σερβίρετε ζεστό.

18. Σπανάκι τηγανητό με σκόρδο και σάλτσα σόγιας

ΣΥΣΤΑΤΙΚΑ:

● 1 κουταλιά της σούπας ελαφριά σάλτσα σόγιας
● 1 κουταλάκι του γλυκού ζάχαρη
● 2 κουταλιές της σούπας φυτικό λάδι
● 4 σκελίδες σκόρδο, κομμένες σε λεπτές φέτες
● Αλάτι kosher
● 8 ουγγιές προπλυμένο σπανάκι μωρού

ΟΔΗΓΙΕΣ:

a) Σε ένα μικρό μπολ, ανακατέψτε μαζί τη σόγια και τη ζάχαρη μέχρι να διαλυθεί η ζάχαρη και αφήστε την στην άκρη.

b) Ζεσταίνουμε ένα γουόκ σε μέτρια προς δυνατή φωτιά μέχρι να ροδίσει μια σταγόνα νερού και να εξατμιστεί όταν έρθει σε επαφή. Ρίχνουμε το λάδι και ανακατεύουμε να καλύψει τη βάση του γουόκ. Προσθέστε το σκόρδο και μια πρέζα αλάτι και ανακατέψτε, ανακατεύοντας μέχρι να μυρίσει το σκόρδο, περίπου 10 δευτερόλεπτα. Με μια τρυπητή κουτάλα αφαιρούμε το σκόρδο από το τηγάνι και το αφήνουμε στην άκρη.

c) Προσθέστε το σπανάκι στο καρυκευμένο λάδι και ανακατέψτε μέχρι να μαραθούν τα χόρτα και να γίνουν ανοιχτό πράσινο. Προσθέστε το μείγμα ζάχαρης και σόγιας και ανακατέψτε. Επιστρέψτε το σκόρδο στο γουόκ και ρίξτε το να ενσωματωθεί. Μεταφέρετε σε ένα πιάτο και σερβίρετε.

19. Πικάντικο λάχανο νάπας

ΣΥΣΤΑΤΙΚΑ:

● 2 κουταλιές της σούπας φυτικό λάδι

● 3 ή 4 αποξηραμένες πιπεριές τσίλι

● 2 καθαρισμένες φέτες φρέσκου τζίντζερ, η καθεμία περίπου στο μέγεθος ενός τετάρτου

● Αλάτι kosher

● 2 σκελίδες σκόρδο, κομμένες σε φέτες

● 1 κεφάλι λάχανο νάπα, τριμμένο

● 1 κουταλιά της σούπας ελαφριά σάλτσα σόγιας

● ½ κουταλιά της σούπας μαύρο ξύδι

● Φρεσκοτριμμένο μαύρο πιπέρι

ΟΔΗΓΙΕΣ:

a) Ζεσταίνουμε ένα γουόκ σε μέτρια προς δυνατή φωτιά. Ρίχνουμε το λάδι και προσθέτουμε τα τσίλι. Αφήνουμε τα τσίλι να τσιγαριστούν στο λάδι για 15 δευτερόλεπτα. Προσθέστε τις φέτες τζίντζερ και μια πρέζα αλάτι. Ρίξτε το σκόρδο και ανακατέψτε για λίγο να αρωματιστεί το λάδι, περίπου 10 δευτερόλεπτα. Μην αφήνετε το σκόρδο να μαυρίσει ή να καεί.

b) Προσθέστε το λάχανο και ανακατέψτε μέχρι να μαραθεί και να γίνει ανοιχτό πράσινο, περίπου 4 λεπτά. Προσθέστε την ελαφριά σόγια και το μαύρο ξύδι και αλατοπιπερώστε το καθένα με μια πρέζα. Ανακατεύουμε να επικαλυφθεί για άλλα 20 με 30 δευτερόλεπτα.

c) Μεταφέρετε σε μια πιατέλα και πετάξτε το τζίντζερ. Σερβίρετε ζεστό.

20. Τηγανητό μαρούλι με σάλτσα στρειδιών

ΣΥΣΤΑΤΙΚΑ:

● 1 ½ κουταλιά της σούπας φυτικό λάδι
● 1 καθαρισμένη φρέσκια φέτα τζίντζερ, περίπου στο μέγεθος του ενός τετάρτου
● Αλάτι kosher
● 2 σκελίδες σκόρδο, κομμένες σε λεπτές φέτες
● 1 κεφάλι μαρούλι iceberg, ξεπλυμένο και στεγνωμένο, κομμένο σε κομμάτια πλάτους 1 ίντσας
● 2 κουταλιές της σούπας σάλτσα στρειδιών
● ½ κουταλάκι του γλυκού σησαμέλαιο, για γαρνίρισμα

ΟΔΗΓΙΕΣ:

a) Ζεσταίνουμε ένα γουόκ σε μέτρια προς δυνατή φωτιά μέχρι να ροδίσει μια σταγόνα νερού και να εξατμιστεί όταν έρθει σε επαφή. Προσθέστε το φυτικό λάδι και ανακατέψτε για να καλύψει τη βάση του γουόκ. Αλατοπιπερώστε το λάδι προσθέτοντας τη φέτα τζίντζερ και μια πρέζα αλάτι. Αφήστε το τζίντζερ να ροδίσει στο λάδι για περίπου 30 δευτερόλεπτα, στροβιλίζοντας απαλά.

b) Προσθέστε το σκόρδο και τσιγαρίστε για λίγο για να αρωματιστεί το λάδι, περίπου 10 δευτερόλεπτα. Μην αφήνετε το σκόρδο να μαυρίσει ή να καεί. Προσθέστε το μαρούλι και ανακατέψτε μέχρι να αρχίσει να μαραθεί ελαφρώς, 3 με 4 λεπτά. Περιχύστε τη σάλτσα στρειδιών πάνω από το μαρούλι και ρίξτε γρήγορα να επικαλυφθεί, άλλα 20 με 30 δευτερόλεπτα.

21. Βλαστάρια μπρόκολου και μπαμπού

ΣΥΣΤΑΤΙΚΑ:

- 2 κουταλιές της σούπας φυτικό λάδι
- 1 καθαρισμένη φρέσκια φέτα τζίντζερ, περίπου στο μέγεθος του ενός τετάρτου
- 4 φλιτζάνια μπουκίτσες μπρόκολου
- 2 κουταλιές της σούπας νερό
- 2 σκελίδες σκόρδο, ψιλοκομμένες
- 1 κουτί (8 ουγκιά) κομμένο σε φέτες βλαστούς μπαμπού, ξεπλυμένο και στραγγισμένο
- 1 κουταλιά της σούπας ελαφριά σάλτσα σόγιας
- 1 κουταλάκι του γλυκού σησαμέλαιο
- 2 κουταλάκια του γλυκού φρυγανισμένο σουσάμι

ΟΔΗΓΙΕΣ:

a) Ζεσταίνουμε ένα γουόκ σε μέτρια προς δυνατή φωτιά. Ρίξτε το φυτικό λάδι και προσθέστε τη φέτα τζίντζερ και μια πρέζα αλάτι.

b) Προσθέστε το μπρόκολο και ανακατέψτε για 2 λεπτά μέχρι να γίνει ανοιχτό πράσινο. Προσθέστε το νερό και σκεπάστε το τηγάνι για 2 λεπτά για να αχνιστεί το μπρόκολο.

c) Αφαιρούμε το καπάκι, προσθέτουμε το σκόρδο και συνεχίζουμε το τσιγάρισμα για 30 δευτερόλεπτα. Ανακατέψτε τους βλαστούς μπαμπού και συνεχίστε να τηγανίζετε για άλλα 30 δευτερόλεπτα.

d) Ανακατεύουμε με το ελαφρύ σογιέλαιο και το σησαμέλαιο. Αφαιρέστε το τζίντζερ και πετάξτε. Σερβίρουμε σε ζεστή πιατέλα και γαρνίρουμε με σουσάμι.

22. Ξηρά τηγανητά αμπελοφάσουλα

ΣΥΣΤΑΤΙΚΑ:

- 1 κουταλιά της σούπας ελαφριά σάλτσα σόγιας
- 1 κουταλιά της σούπας ψιλοκομμένο σκόρδο
- 1 κουταλιά της σούπας doubanjiang (πολτός κινέζικου φασολιού τσίλι)
- 2 κουταλάκια του γλυκού ζάχαρη
- 1 κουταλάκι του γλυκού σησαμέλαιο
- Αλάτι kosher
- ½ φλιτζάνι φυτικό λάδι
- 1 κιλό πράσινα φασόλια, κομμένα, κομμένα στη μέση και στεγνωμένα

ΟΔΗΓΙΕΣ:

a) Σε ένα μικρό μπολ, ανακατέψτε την ελαφριά σόγια, το σκόρδο, την πάστα φασολιών, τη ζάχαρη, το σησαμέλαιο και μια πρέζα αλάτι. Αφήνω στην άκρη.

b) Σε ένα γουόκ, ζεσταίνουμε το φυτικό λάδι σε μέτρια προς δυνατή φωτιά. Τηγανίζουμε τα φασόλια. Γυρίστε απαλά τα φασόλια στο λάδι μέχρι να φαίνονται ζαρωμένα.

c) Μόλις ψηθούν όλα τα φασόλια, μεταφέρετε προσεκτικά το υπόλοιπο λάδι σε ένα δοχείο ανθεκτικό στη θερμότητα. Χρησιμοποιήστε μια λαβίδα με μια-δυο χαρτοπετσέτες για να σκουπίσετε και να καθαρίσετε το γουόκ.

d) Επαναφέρετε το γουόκ σε δυνατή φωτιά και προσθέστε 1 κουταλιά της σούπας από το κρατημένο λάδι τηγανίσματος. Προσθέστε τα πράσινα φασόλια και τη σάλτσα τσίλι, ανακατεύοντας μέχρι να πάρει μια βράση η σάλτσα και να καλύψει τα πράσινα φασόλια. Μεταφέρετε τα φασόλια σε μια πιατέλα και τα σερβίρετε ζεστά.

23. Stir-Fried Bok Choy και μανιτάρια

ΣΥΣΤΑΤΙΚΑ:

- 3 κουταλιές της σούπας φυτικό λάδι
- 1 καθαρισμένη φρέσκια φέτα τζίντζερ, περίπου στο μέγεθος του ενός τετάρτου
- ½ κιλό φρέσκα μανιτάρια shiitake
- 2 σκελίδες σκόρδο, ψιλοκομμένες
- 1½ κιλό baby bok choy, κομμένο σταυρωτά σε κομμάτια 1 ίντσας
- 2 κουταλιές της σούπας κρασί από ρύζι Shaoxing
- 2 κουταλάκια του γλυκού ελαφριά σάλτσα σόγιας
- 2 κουταλάκια του γλυκού σησαμέλαιο

ΟΔΗΓΙΕΣ:

a) Ζεσταίνουμε ένα γουόκ σε μέτρια προς δυνατή φωτιά. Ρίξτε το φυτικό λάδι και ανακατέψτε για να καλύψει τη βάση του γουόκ. Προσθέστε τη φέτα τζίντζερ και μια πρέζα αλάτι.

b) Προσθέστε τα μανιτάρια και τηγανίστε τα για 3 έως 4 λεπτά, μέχρι να αρχίσουν να ροδίζουν. Προσθέστε το σκόρδο και ανακατέψτε μέχρι να μυρίσει, περίπου 30 δευτερόλεπτα ακόμη.

c) Προσθέστε το bok choy και ρίξτε τα μανιτάρια. Προσθέστε το κρασί ρυζιού, την ελαφριά σόγια και το σησαμέλαιο. Μαγειρέψτε για 3 έως 4 λεπτά, ανακατεύοντας συνεχώς τα λαχανικά μέχρι να μαλακώσουν.

d) Μεταφέρετε τα λαχανικά σε μια πιατέλα, πετάτε το τζίντζερ και σερβίρετε ζεστό.

24. **Μείγμα λαχανικών τηγανητό ανακατεύοντας**

ΣΥΣΤΑΤΙΚΑ:

- 3 κουταλιές της σούπας φυτικό λάδι
- 1 καθαρισμένη φρέσκια φέτα τζίντζερ, περίπου στο μέγεθος του ενός τετάρτου
- Αλάτι kosher
- ½ λευκό κρεμμύδι, κομμένο σε κομμάτια 1 ίντσας
- 1 μεγάλο καρότο καθαρισμένο και κομμένο διαγώνια
- 2 παϊδάκια σέλινου, κομμένα διαγώνια σε φέτες πάχους ¼ ίντσας
- 6 φρέσκα μανιτάρια shiitake
- 1 κόκκινη πιπεριά, κομμένη σε κομμάτια 1 ίντσας
- 1 μικρή χούφτα πράσινα φασόλια κομμένα
- 2 σκελίδες σκόρδο, ψιλοκομμένες
- 2 κρεμμυδάκια, κομμένα σε λεπτές φέτες

ΟΔΗΓΙΕΣ:

a) Ζεσταίνουμε ένα γουόκ σε μέτρια προς δυνατή φωτιά μέχρι να ροδίσει μια σταγόνα νερού και να εξατμιστεί όταν έρθει σε επαφή. Ρίχνουμε το λάδι και ανακατεύουμε να καλύψει τη βάση του γουόκ. Αλατοπιπερώστε το λάδι προσθέτοντας τη φέτα τζίντζερ και μια πρέζα αλάτι. Αφήστε το λάδι να τσιγαριστεί για περίπου 30 δευτερόλεπτα, στροβιλίζοντας απαλά.

b) Προσθέστε το κρεμμύδι, το καρότο και το σέλινο στο γουόκ και ανακατέψτε, μετακινώντας τα λαχανικά στο γουόκ γρήγορα χρησιμοποιώντας μια σπάτουλα. Όταν τα λαχανικά αρχίσουν να φαίνονται τρυφερά, περίπου 4 λεπτά, προσθέστε τα μανιτάρια και συνεχίστε να τα ρίχνετε στο ζεστό γουόκ.

c) Όταν τα μανιτάρια φαίνονται μαλακά, προσθέστε την πιπεριά και συνεχίστε να ανακατεύετε, περίπου 4 λεπτά ακόμη. Όταν οι πιπεριές αρχίσουν να μαλακώνουν, προσθέστε τα πράσινα φασόλια και ανακατέψτε μέχρι να μαλακώσουν, περίπου 3 λεπτά ακόμα. Προσθέστε το σκόρδο και ανακατέψτε μέχρι να μυρίσει.

d) Μεταφέρουμε σε μια πιατέλα, πετάμε το τζίντζερ και γαρνίρουμε με τα κρεμμύδια. Σερβίρετε ζεστό.

25. Η απόλαυση του Βούδα

ΣΥΣΤΑΤΙΚΑ:

● Μικρή χούφτα (περίπου ⅓ φλιτζάνι) αποξηραμένα μανιτάρια αυτιού ξύλου

● 8 αποξηραμένα μανιτάρια shiitake

● 2 κουταλιές της σούπας ελαφριά σάλτσα σόγιας

● 2 κουταλάκια του γλυκού ζάχαρη

● 1 κουταλάκι του γλυκού σησαμέλαιο

● 2 κουταλιές της σούπας φυτικό λάδι

● 2 καθαρισμένες φέτες φρέσκου τζίντζερ, η καθεμία περίπου στο μέγεθος ενός τετάρτου

● Αλάτι kosher

● 1 ντελικάτα κολοκυθάκι, κομμένο στη μέση, ξεσποριασμένο και κομμένο σε μπουκιές

● 2 κουταλιές της σούπας κρασί από ρύζι Shaoxing

● 1 φλιτζάνι μπιζέλια ζάχαρης, αφαιρέστε τα κορδόνια

● 1 (8 ουγγιές) κονσέρβα κάστανα, ξεπλυμένα και στραγγισμένα

● Φρεσκοτριμμένο μαύρο πιπέρι

ΟΔΗΓΙΕΣ:

a) Μουλιάζετε και τα δύο αποξηραμένα μανιτάρια σε ξεχωριστά μπολ σκεπασμένα με ζεστό νερό μέχρι να μαλακώσουν, περίπου 20 λεπτά. Στραγγίστε και πετάξτε το υγρό μούσκεμα του ξύλινου αυτιού. Στραγγίστε και κρατήστε ½ φλιτζάνι από το υγρό shiitake. Στο υγρό των μανιταριών προσθέτουμε την ελαφριά σόγια, τη ζάχαρη και το σησαμέλαιο και ανακατεύουμε να διαλυθεί η ζάχαρη. Αφήνω στην άκρη.

b) Ζεσταίνουμε ένα γουόκ σε μέτρια προς δυνατή φωτιά μέχρι να ροδίσει μια σταγόνα νερού και να εξατμιστεί όταν έρθει σε επαφή. Ρίξτε το φυτικό λάδι και ανακατέψτε για να καλύψει τη βάση του γουόκ. Αλατοπιπερώστε το λάδι προσθέτοντας τις φέτες τζίντζερ και μια πρέζα αλάτι. Αφήστε το τζίντζερ να ροδίσει στο λάδι για περίπου 30 δευτερόλεπτα, στροβιλίζοντας απαλά.

c) Προσθέτουμε τα κολοκυθάκια και τα τηγανίζουμε, ανακατεύοντας με το καρυκευμένο λάδι για περίπου 3 λεπτά. Προσθέστε και τα δύο μανιτάρια και το κρασί ρυζιού και συνεχίστε το ανακατεύοντας-τηγάνισμα για 30 δευτερόλεπτα. Προσθέστε τον αρακά και τα κάστανα, ανακατεύοντας με λάδι. Προσθέστε το κρατημένο υγρό καρυκευμάτων μανιταριών και καλύψτε. Συνεχίστε το μαγείρεμα, ανακατεύοντας κατά διαστήματα, μέχρι να μαλακώσουν τα λαχανικά, περίπου 5 λεπτά.

d) Αφαιρούμε το καπάκι και αλατοπιπερώνουμε κατά βούληση. Πετάξτε το τζίντζερ και σερβίρετε.

26.   Τοφου σε στυλ Χουνάν

ΣΥΣΤΑΤΙΚΑ:

● 1 κουταλάκι του γλυκού άμυλο καλαμποκιού

● 1 κουταλιά της σούπας νερό

● 4 κουταλιές της σούπας φυτικό ή λάδι κανόλας, χωρισμένες

● Αλάτι kosher

● 1 κιλό σταθερό τόφου, στραγγισμένο και κομμένο σε τετράγωνα πάχους ½ ίντσας, πλάτους 2 ίντσες

● 3 κουταλιές της σούπας μαύρα φασόλια που έχουν υποστεί ζύμωση, ξεπλένονται και θρυμματίζονται

● 2 κουταλιές της σούπας doubanjiang (πολτός κινέζικου φασολιού τσίλι)

● Κομμάτι 1 ίντσας φρέσκο τζίντζερ, ξεφλουδισμένο και ψιλοκομμένο

● 3 σκελίδες σκόρδο, ψιλοκομμένες

● 1 μεγάλη κόκκινη πιπεριά, κομμένη σε κομμάτια 1 ίντσας

● 4 κρεμμύδια, κομμένα σε τμήματα 2 ιντσών

● 1 κουταλιά της σούπας κρασί από ρύζι Shaoxing

● 1 κουταλάκι του γλυκού ζάχαρη

● ¼ φλιτζάνι ζωμό κοτόπουλου ή λαχανικών με χαμηλή περιεκτικότητα σε νάτριο

ΟΔΗΓΙΕΣ:

a) Σε ένα μικρό μπολ, ανακατέψτε το κορν άμυλο και το νερό και αφήστε το στην άκρη.

b) Ζεσταίνουμε ένα γουόκ σε μέτρια προς δυνατή φωτιά μέχρι να ροδίσει μια σταγόνα νερού και να εξατμιστεί όταν έρθει σε επαφή. Ρίχνουμε 2 κουταλιές της σούπας λάδι και ανακατεύουμε να καλύψει τη βάση και τα πλαϊνά του γουόκ. Προσθέστε μια πρέζα αλάτι και τακτοποιήστε τις φέτες tofu στο γουόκ σε μία στρώση. Σοτάρετε το τόφου για 1 έως 2 λεπτά, γείροντας το γουόκ για να γλιστρήσει το λάδι κάτω από το τόφου καθώς ψήνεται. Όταν ροδίσει η πρώτη πλευρά, χρησιμοποιώντας μια σπάτουλα γουόκ, αναποδογυρίστε προσεκτικά το τόφου και σιγοβράστε για άλλα 1 με 2 λεπτά μέχρι να ροδίσει. Μεταφέρετε το ψημένο τόφου σε ένα πιάτο και το αφήνετε στην άκρη.

c) Χαμηλώνουμε τη φωτιά σε μέτρια προς χαμηλή. Προσθέστε τις υπόλοιπες 2 κουταλιές της σούπας λάδι στο γουόκ. Μόλις το λάδι αρχίσει να καπνίζει ελαφρά, προσθέστε τα μαύρα φασόλια, την πάστα φασολιών, το τζίντζερ και το σκόρδο. Τηγανίζουμε για 20 δευτερόλεπτα ή μέχρι το λάδι να πάρει ένα βαθύ κόκκινο χρώμα από την πάστα φασολιών.

d) Προσθέστε την πιπεριά και το κρεμμύδι και ανακατέψτε με το κρασί Shaoxing και τη ζάχαρη. Μαγειρέψτε για άλλο ένα λεπτό ή μέχρι να εξατμιστεί σχεδόν το κρασί και να μαλακώσει η πιπεριά.

e) Προσθέστε απαλά το τηγανισμένο τόφου μέχρι να ενωθούν όλα τα υλικά του γουόκ. Συνεχίστε το μαγείρεμα για 45 δευτερόλεπτα ακόμη ή μέχρι το τόφου να πάρει ένα βαθύ κόκκινο χρώμα και τα κρεμμύδια να μαραθούν.

f) Περιχύστε το ζωμό κοτόπουλου πάνω από το μείγμα του τόφου και ανακατέψτε απαλά για να ξεκολλήσει το γουόκ και να διαλυθούν τυχόν κολλημένα κομμάτια στο γουόκ. Ανακατέψτε γρήγορα το μείγμα αραβοσίτου-νερού και προσθέστε το στο γουόκ. Ανακατεύουμε απαλά και σιγοβράζουμε για 2 λεπτά ή μέχρι η σάλτσα να γίνει γυαλιστερή και πηχτή. Σερβίρετε ζεστό.

27. Μα Πο Τόφου

ΣΥΣΤΑΤΙΚΑ:

- ½ κιλό κιμά χοιρινό
- 2 κουταλιές της σούπας κρασί από ρύζι Shaoxing
- 2 κουταλάκια του γλυκού ελαφριά σάλτσα σόγιας
- 1 κουταλάκι του γλυκού καθαρισμένο και ψιλοκομμένο φρέσκο τζίντζερ
- 2 κουταλάκια του γλυκού άμυλο καλαμποκιού
- 1 ½ κουταλιά της σούπας νερό
- 2 κουταλιές της σούπας φυτικό λάδι
- 1 κουταλιά της σούπας κόκκους πιπεριού Σετσουάν, θρυμματισμένοι
- 3 κουταλιές της σούπας doubanjiang (πολτός κινέζικου φασολιού τσίλι)
- 4 κρεμμύδια, κομμένα σε λεπτές φέτες, χωρισμένα
- 1 κουταλάκι του γλυκού λάδι τσίλι
- 1 κουταλάκι του γλυκού ζάχαρη
- ½ κουταλάκι του γλυκού κινέζικα πέντε μπαχαρικά σε σκόνη
- 1 κιλό μέτριο τόφου, στραγγισμένο και κομμένο σε κύβους ½ ίντσας
- 1 ½ φλιτζάνι ζωμός κοτόπουλου με χαμηλή περιεκτικότητα σε νάτριο
- Αλάτι kosher
- 1 κουταλιά της σούπας χοντροκομμένα φύλλα φρέσκου κόλιανδρου, για γαρνίρισμα

ΟΔΗΓΙΕΣ:

a) Σε ένα μικρό μπολ, ανακατέψτε το κιμά χοιρινό, το κρασί από ρύζι, τη σόγια ελαφριά και το τζίντζερ. Αφήνω στην άκρη. Σε ένα άλλο μικρό μπολ, ανακατεύουμε το καλαμποκάλευρο μαζί με το νερό. Αφήνω στην άκρη.

b) Ζεσταίνουμε ένα γουόκ σε μέτρια προς δυνατή φωτιά και ρίχνουμε μέσα το φυτικό λάδι. Προσθέστε τους κόκκους πιπεριού Σετσουάν και σοτάρετε απαλά μέχρι να αρχίσουν να τσιγαρίζουν καθώς ζεσταίνεται το λάδι.

c) Προσθέστε το μαριναρισμένο χοιρινό και την πάστα φασολιών και ανακατέψτε για 4 έως 5 λεπτά, μέχρι το χοιρινό να ροδίσει και να θρυμματιστεί. Προσθέστε τα μισά κρεμμύδια, το λάδι τσίλι, τη ζάχαρη και πέντε μπαχαρικά σε σκόνη. Συνεχίστε να τηγανίζετε για άλλα 30 δευτερόλεπτα ή μέχρι να μαραθούν τα κρεμμύδια.

d) Σκορπίζουμε τους κύβους tofu πάνω από το χοιρινό και ρίχνουμε μέσα το ζωμό. Μην ανακατεύετε. αφήστε το τόφου να ψηθεί και να σφίξει λίγο πρώτα. Σκεπάζουμε και σιγοβράζουμε για 15 λεπτά σε μέτρια φωτιά. Ξεσκεπάζουμε και ανακατεύουμε απαλά. Προσέξτε να μην σπάσετε πολύ τους κύβους του τόφου.

e) Δοκιμάστε και προσθέστε αλάτι ή ζάχαρη, ανάλογα με τις προτιμήσεις σας. Η πρόσθετη ζάχαρη μπορεί να ηρεμήσει το πικάντικο αν είναι πολύ ζεστό. Ανακατέψτε ξανά το άμυλο καλαμποκιού και το νερό και προσθέστε το στο τόφου. Ανακατεύουμε απαλά μέχρι να δέσει η σάλτσα.

f) Γαρνίρουμε με τα υπόλοιπα κρεμμύδια και κόλιαντρο και σερβίρουμε ζεστό.

28. Πηγμένο γάλα για φασόλια στον ατμό σε μια απλή σάλτσα

ΣΥΣΤΑΤΙΚΑ:

- 1 κιλό μέτριο τόφου
- 2 κουταλιές της σούπας ελαφριά σάλτσα σόγιας
- 1 κουταλιά της σούπας σησαμέλαιο
- 2 κουταλάκια μαύρο ξύδι
- 2 σκελίδες σκόρδο, ψιλοκομμένες
- 1 κουταλάκι του γλυκού καθαρισμένο και ψιλοκομμένο φρέσκο τζίντζερ
- ½ κουταλάκι του γλυκού ζάχαρη
- 2 κρεμμυδάκια, κομμένα σε λεπτές φέτες
- 1 κουταλιά της σούπας χοντροκομμένα φύλλα φρέσκου κόλιανδρου

ΟΔΗΓΙΕΣ:

a) Αφαιρέστε το τόφου από τη συσκευασία του, φροντίζοντας να το διατηρήσετε ανέπαφο. Τοποθετήστε το σε ένα μεγάλο πιάτο και κόψτε το προσεκτικά σε φέτες πάχους 1 έως 1 ½ ίντσας. Αφήνουμε στην άκρη για 5 λεπτά. Η ανάπαυση του τόφου επιτρέπει να στραγγίσει περισσότερο από τον ορό γάλακτος του.

b) Ξεπλύνετε ένα καλάθι ατμού από μπαμπού και το καπάκι του κάτω από κρύο νερό και τοποθετήστε το στο γουόκ. Ρίξτε περίπου 2 ίντσες κρύο νερό ή μέχρι να φτάσει πάνω από το κάτω χείλος του ατμομάγειρα κατά περίπου ¼ έως ½ ίντσα, αλλά όχι τόσο ψηλά ώστε το νερό να αγγίζει το κάτω μέρος του καλαθιού.

c) Στραγγίστε τυχόν επιπλέον ορό γάλακτος από το πιάτο τόφου και τοποθετήστε το πιάτο στον ατμομάγειρα από μπαμπού. Καλύψτε και βάλτε το γουόκ σε μέτρια προς δυνατή φωτιά. Φέρτε το νερό σε βράση και βράστε το τόφου στον ατμό για 6 έως 8 λεπτά.

d) Ενώ το τόφου αχνίζει, σε μια μικρή κατσαρόλα, ανακατέψτε την ελαφριά σόγια, το σησαμέλαιο, το ξύδι, το σκόρδο, το τζίντζερ και τη ζάχαρη μαζί σε χαμηλή φωτιά μέχρι να διαλυθεί η ζάχαρη.

e) Περιχύστε τη ζεστή σάλτσα πάνω από το τόφου και γαρνίρετε με το κρεμμύδι και τον κόλιανδρο.

29. Σπαράγγια σουσάμι

ΣΥΣΤΑΤΙΚΑ:

- 2 κουταλιές της σούπας ελαφριά σάλτσα σόγιας
- 1 κουταλάκι του γλυκού ζάχαρη
- 1 κουταλιά της σούπας φυτικό λάδι
- 2 μεγάλες σκελίδες σκόρδο, χοντροκομμένες
- 2 κιλά σπαράγγια, κομμένα και κομμένα διαγώνια σε κομμάτια μήκους 2 ιντσών
- Αλάτι kosher
- 2 κουταλιές της σούπας σησαμέλαιο
- 1 κουταλιά της σούπας καβουρδισμένο σουσάμι

ΟΔΗΓΙΕΣ:

a) Σε ένα μικρό μπολ, ανακατέψτε την ελαφριά σόγια και τη ζάχαρη μέχρι να διαλυθεί η ζάχαρη. Αφήνω στην άκρη.

b) Ζεσταίνουμε ένα γουόκ σε μέτρια προς δυνατή φωτιά μέχρι να ροδίσει μια σταγόνα νερού και να εξατμιστεί όταν έρθει σε επαφή. Ρίξτε το φυτικό λάδι και ανακατέψτε για να καλύψει τη βάση του γουόκ. Προσθέστε το σκόρδο και ανακατέψτε μέχρι να μυρίσει, περίπου 10 δευτερόλεπτα.

c) Προσθέτουμε τα σπαράγγια και τα τηγανίζουμε. Προσθέστε το μείγμα της σάλτσας σόγιας και ανακατέψτε να καλυφθούν τα σπαράγγια, μαγειρεύοντας για περίπου 1 λεπτό ακόμα.

d) Ρίξτε το σησαμέλαιο πάνω από τα σπαράγγια και μεταφέρετε σε ένα μπολ σερβιρίσματος. Γαρνίρουμε με το σουσάμι και σερβίρουμε ζεστό.

30. Μελιτζάνα και τόφου σε σάλτσα σκόρδου

ΣΥΣΤΑΤΙΚΑ:

● 6 φλιτζάνια νερό συν 1 κουταλιά της σούπας, χωρισμένα
● 1 κουταλιά της σούπας αλάτι kosher
● 3 μακριές κινέζικες μελιτζάνες (περίπου ¾ λίβρα), κομμένες και κομμένες διαγώνια σε κομμάτια 1 ίντσας
● 1 ½ κουταλιά της σούπας άμυλο καλαμποκιού, χωρισμένο
● 1 κουταλιά της σούπας ελαφριά σάλτσα σόγιας
● 2 κουταλάκια του γλυκού ζάχαρη
● ½ κουταλάκι του γλυκού σάλτσα μαύρης σόγιας
● 3 κουταλιές της σούπας φυτικό λάδι, χωρισμένες
● 3 σκελίδες σκόρδο, ψιλοκομμένες
● 1 κουταλάκι του γλυκού καθαρισμένο φρέσκο τζίντζερ ψιλοκομμένο
● ½ κιλό σφιχτό τόφου, κομμένο σε κύβους ½ ίντσας

ΟΔΗΓΙΕΣ:

a) Σε ένα μεγάλο μπολ, ανακατέψτε τα 6 φλιτζάνια νερό και το αλάτι. Ανακατεύουμε για λίγο να διαλυθεί το αλάτι και προσθέτουμε τα κομμάτια της μελιτζάνας. Τοποθετήστε ένα μεγάλο καπάκι κατσαρόλας από πάνω για να κρατήσει τη μελιτζάνα βυθισμένη στο νερό και αφήστε τη να καθίσει για 15 λεπτά. Στραγγίζουμε τη μελιτζάνα και τη στεγνώνουμε με χαρτί κουζίνας. Ρίχνουμε τη μελιτζάνα σε ένα μπολ με πασπαλισμένο καλαμποκάλευρο, περίπου 1 κουταλιά της σούπας.

b) Σε ένα μικρό μπολ, ανακατέψτε την υπόλοιπη ½ κουταλιά της σούπας άμυλο καλαμποκιού με την υπόλοιπη 1 κουταλιά της σούπας νερό, τη σόγια ανοιχτόχρωμη, τη ζάχαρη και τη μαύρη σόγια. Αφήνω στην άκρη.

c) Ζεσταίνουμε ένα γουόκ σε μέτρια προς δυνατή φωτιά μέχρι να ροδίσει μια σταγόνα νερού και να εξατμιστεί όταν έρθει σε επαφή. Ρίχνουμε 2 κουταλιές της σούπας λάδι και ανακατεύουμε να καλύψει τη βάση του γουόκ και προς τα πάνω. Τοποθετήστε τη μελιτζάνα σε μια στρώση στο γουόκ.

d) Σοτάρουμε τη μελιτζάνα από κάθε πλευρά, περίπου 4 λεπτά ανά πλευρά. Η μελιτζάνα πρέπει να είναι ελαφρώς απανθρακωμένη και χρυσοκάστανη. Χαμηλώστε τη φωτιά σε μέτρια εάν το γουόκ αρχίσει να καπνίζει. Μεταφέρετε τη μελιτζάνα σε ένα μπολ και επαναφέρετε το γουόκ στη φωτιά.

e) Προσθέστε την υπόλοιπη 1 κουταλιά της σούπας λάδι και ανακατέψτε το σκόρδο και το τζίντζερ μέχρι να μυρίσουν και να τσιγαριστούν, περίπου 10 δευτερόλεπτα. Προσθέτουμε το τόφου και τηγανίζουμε για 2 λεπτά ακόμα και μετά επιστρέφουμε τη μελιτζάνα στο γουόκ. Ανακατέψτε ξανά τη σάλτσα και αδειάστε στο γουόκ, ανακατεύοντας όλα τα υλικά μαζί μέχρι να πήξει η σάλτσα σε μια σκούρα, γυαλιστερή σύσταση.

f) Μεταφέρετε τη μελιτζάνα και το τόφου σε μια πιατέλα και σερβίρετε ζεστά.

31. Κινέζικο μπρόκολο με σάλτσα στρειδιών

ΣΥΣΤΑΤΙΚΑ:

- ¼ φλιτζάνι σάλτσα στρειδιών
- 2 κουταλάκια του γλυκού ελαφριά σάλτσα σόγιας
- 1 κουταλάκι του γλυκού σησαμέλαιο
- 2 κουταλιές της σούπας φυτικό λάδι
- 4 καθαρισμένες φέτες φρέσκου τζίντζερ, η καθεμία περίπου στο μέγεθος ενός τετάρτου
- 4 σκελίδες σκόρδο, καθαρισμένες
- Αλάτι kosher
- 2 ματσάκια κινέζικο μπρόκολο ή μπρόκολο, σκληρές άκρες κομμένες
- 2 κουταλιές της σούπας νερό

ΟΔΗΓΙΕΣ:

a) Σε ένα μικρό μπολ, ανακατέψτε μαζί τη σάλτσα στρειδιών, την ελαφριά σόγια και το σησαμέλαιο και αφήστε στην άκρη.

b) Ζεσταίνουμε ένα γουόκ σε μέτρια προς δυνατή φωτιά μέχρι να ροδίσει μια σταγόνα νερού και να εξατμιστεί όταν έρθει σε επαφή. Ρίξτε το φυτικό λάδι και ανακατέψτε για να καλύψει τη βάση του γουόκ. Προσθέστε το τζίντζερ, το σκόρδο και μια πρέζα αλάτι. Αφήστε τα αρωματικά να ροδίσουν στο λάδι, στροβιλίζοντας απαλά για περίπου 10 δευτερόλεπτα.

c) Προσθέστε το μπρόκολο και ανακατέψτε, ανακατεύοντας μέχρι να αλειφθεί με λάδι και έντονο πράσινο. Προσθέστε το νερό και σκεπάστε για να αχνιστεί το μπρόκολο για περίπου 3 λεπτά ή μέχρι να τρυπηθούν εύκολα τα κοτσάνια με ένα μαχαίρι. Αφαιρέστε το τζίντζερ και το σκόρδο και πετάξτε.

d) Ρίξτε τη σάλτσα και ανακατέψτε μέχρι να ζεσταθεί. Μεταφέρετε σε πιατέλα σερβιρίσματος.

32. Αλατοπίπερο Γαρίδες

ΣΥΣΤΑΤΙΚΑ:

- 1 κουταλιά της σούπας αλάτι kosher
- 1 ½ κουταλάκι του γλυκού κόκκοι πιπεριού Σετσουάν
- 1½ κιλό μεγάλες γαρίδες (U31–35), ξεφλουδισμένες και καθαρισμένες, με ουρές
- ½ φλιτζάνι φυτικό λάδι
- 1 φλιτζάνι άμυλο καλαμποκιού
- 4 κρεμμυδάκια, κομμένα σε φέτες διαγώνια
- 1 πιπεριά jalapeño, κομμένη στη μέση και ξεσποριασμένη, κομμένη σε λεπτές φέτες
- 6 σκελίδες σκόρδο, κομμένες σε λεπτές φέτες

ΟΔΗΓΙΕΣ:

a) Σε ένα μικρό τηγάνι ή τηγάνι σε μέτρια φωτιά, φρυγανίζουμε το αλάτι και το πιπέρι μέχρι να αρωματιστούν, ανακινώντας και ανακατεύοντας συχνά για να μην καούν. Μεταφέρετε σε ένα μπολ να κρυώσει εντελώς. Τρίψτε το αλάτι και τους κόκκους πιπεριού μαζί σε μύλο μπαχαρικών ή με γουδί και γουδοχέρι. Μεταφέρουμε σε ένα μπολ και αφήνουμε στην άκρη.

b) Στεγνώστε τις γαρίδες με χαρτοπετσέτα.

c) Σε ένα γουόκ, ζεστάνετε το λάδι σε μέτρια προς δυνατή φωτιά στους 375°F ή μέχρι να φουσκώσει και να ροδίσει γύρω από την άκρη μιας ξύλινης κουτάλας.

d) Βάλτε το κορν άμυλο σε ένα μεγάλο μπολ. Λίγο πριν είστε έτοιμοι να τηγανίσετε τις γαρίδες, ρίξτε τις μισές γαρίδες για να τις επικαλύψετε με το καλαμποκάλευρο και τινάξτε το περιττό άμυλο καλαμποκιού.

e) Τηγανίζουμε τις γαρίδες για 1 με 2 λεπτά, μέχρι να πάρουν ροζ χρώμα. Χρησιμοποιώντας ένα ξαφριστή γουόκ, μεταφέρετε τις τηγανητές γαρίδες σε μια σχάρα που έχει τοποθετηθεί πάνω από ένα ταψί για να στραγγίξουν. Επαναλαμβάνουμε τη διαδικασία με τις υπόλοιπες γαρίδες ρίχνοντας μέσα το άμυλο καλαμποκιού, τηγανίζουμε και τις μεταφέρουμε στη σχάρα για να στραγγίξουν.

f) Μόλις ψηθούν όλες οι γαρίδες, αφαιρέστε προσεκτικά όλες εκτός από 2 κουταλιές της σούπας λάδι και επαναφέρετε το γουόκ σε μέτρια φωτιά. Προσθέστε τα κρεμμύδια, το jalapeño και το σκόρδο και ανακατέψτε μέχρι το κρεμμύδι και το jalapeño να γίνουν ανοιχτό πράσινο και το σκόρδο να γίνει αρωματικό. Επιστρέψτε τις γαρίδες στο γουόκ, τις αλατοπιπερώνετε για γεύση (μπορείτε να μην τις χρησιμοποιήσετε όλες) και τις ανακατέψτε. Μεταφέρετε τις γαρίδες σε μια πιατέλα και σερβίρετε ζεστές.

33. Μεθυσμένη Γαρίδα

ΣΕΡΒΙΖΕΙ 4

ΣΥΣΤΑΤΙΚΑ:

● 2 φλιτζάνια κρασί από ρύζι Shaoxing

● 4 καθαρισμένες φέτες φρέσκου τζίντζερ, η καθεμία περίπου στο μέγεθος ενός τετάρτου

● 2 κουταλιές της σούπας αποξηραμένα γκότζι μπέρι (προαιρετικά)

● 2 κουταλάκια του γλυκού ζάχαρη

● Γαρίδες τζάμπο 1 κιλού (U21–25), ξεφλουδισμένες και καθαρισμένες, με ουρές

● 2 κουταλιές της σούπας φυτικό λάδι

● Αλάτι kosher

● 2 κουταλάκια του γλυκού άμυλο καλαμποκιού

ΟΔΗΓΙΕΣ:

a) Σε ένα φαρδύ μπολ ανακατεύουμε το κρασί ρυζιού, το τζίντζερ, τα γκότζι μπέρι (αν χρησιμοποιείτε) και τη ζάχαρη μέχρι να διαλυθεί η ζάχαρη. Προσθέτουμε τις γαρίδες και σκεπάζουμε. Μαρινάρετε στο ψυγείο για 20 με 30 λεπτά.

b) Ρίξτε τις γαρίδες και τη μαρινάδα σε ένα σουρωτήρι που έχει τοποθετηθεί πάνω από ένα μπολ. Κρατήστε ½ φλιτζάνι από τη μαρινάδα και πετάξτε το υπόλοιπο.

c) Ζεσταίνουμε ένα γουόκ σε μέτρια προς δυνατή φωτιά μέχρι να ροδίσει μια σταγόνα νερού και να εξατμιστεί όταν έρθει σε επαφή. Ρίχνουμε το λάδι και ανακατεύουμε να καλύψει τη βάση του γουόκ. Αλατοπιπερώνετε το λάδι προσθέτοντας μια μικρή πρέζα αλάτι και ανακατεύετε απαλά.

d) Προσθέστε τις γαρίδες και τηγανίστε δυνατά, προσθέτοντας μια πρέζα αλάτι καθώς αναποδογυρίζετε και ρίχνετε τις γαρίδες στο γουόκ. Συνεχίστε να μετακινείτε τις γαρίδες για περίπου 3 λεπτά, μέχρι να γίνουν ροζ.

e) Ανακατέψτε το καλαμποκάλευρο στην κρατημένη μαρινάδα και ρίξτε το πάνω από τις γαρίδες. Ρίχνουμε τις γαρίδες και τις περιχύνουμε με τη μαρινάδα. Θα πήξει σε μια γυαλιστερή σάλτσα καθώς αρχίζει να βράζει, περίπου άλλα 5 λεπτά ακόμα.

f) Μεταφέρετε τις γαρίδες και τα γκότζι μπέρι σε μια πιατέλα, πετάτε το τζίντζερ και σερβίρετε ζεστό.

34. Γαρίδες Stir-Fried Stir-Style Shanghainese

ΣΥΣΤΑΤΙΚΑ:

● Γαρίδες 1 κιλού μεσαίου μεγέθους (U31–40), ξεφλουδισμένες και καθαρισμένες, με ουρές
● 2 κουταλιές της σούπας φυτικό λάδι
● Αλάτι kosher
● 2 κουταλάκια του γλυκού κρασί από ρύζι Shaoxing
● 2 κρεμμυδάκια, ψιλοκομμένα

ΟΔΗΓΙΕΣ:

a) Χρησιμοποιώντας ένα κοφτερό ψαλίδι κουζίνας ή ένα μαχαίρι καθαρισμού, κόψτε τις γαρίδες στη μέση κατά μήκος, διατηρώντας το τμήμα της ουράς ανέπαφο. Καθώς οι γαρίδες τηγανίζονται, κόβοντάς τις με αυτόν τον τρόπο θα δώσει μεγαλύτερη επιφάνεια και θα δημιουργήσει ένα μοναδικό σχήμα και υφή!

b) Στεγνώστε τις γαρίδες με χαρτί κουζίνας και κρατήστε τις στεγνές. Όσο πιο στεγνές είναι οι γαρίδες, τόσο πιο γευστικό είναι το πιάτο. Μπορείτε να διατηρήσετε τις γαρίδες στο ψυγείο, τυλιγμένες σε χαρτί κουζίνας, έως και 2 ώρες πριν τις μαγειρέψετε.

c) Ζεσταίνουμε ένα γουόκ σε μέτρια προς δυνατή φωτιά μέχρι να ροδίσει μια σταγόνα νερού και να εξατμιστεί όταν έρθει σε επαφή. Ρίχνουμε το λάδι και ανακατεύουμε να καλύψει τη βάση του γουόκ. Αλατοπιπερώνετε το λάδι προσθέτοντας μια μικρή πρέζα αλάτι και ανακατεύετε απαλά.

d) Προσθέστε τις γαρίδες μονομιάς στο ζεστό γουόκ. Ανακατέψτε και αναποδογυρίστε γρήγορα για 2 έως 3 λεπτά, μέχρι οι γαρίδες να αρχίσουν να γίνονται ροζ. Αλατοπιπερώνουμε με άλλη μια μικρή πρέζα αλάτι και προσθέτουμε το κρασί από ρύζι. Αφήστε το κρασί να βράσει όσο συνεχίζετε το τηγάνισμα, περίπου άλλα 2 λεπτά. Οι γαρίδες πρέπει να χωριστούν και να κουλουριαστούν, ακόμα κολλημένες στην ουρά.

e) Μεταφέρετε σε πιατέλα και γαρνίρετε με τα κρεμμύδια. Σερβίρετε ζεστό.

35. Γαρίδες καρυδιάς

ΣΥΣΤΑΤΙΚΑ:

- Αντικολλητικό σπρέι φυτικού ελαίου
- Γαρίδες τζάμπο 1 κιλού (U21–25), ξεφλουδισμένες
- 25 με 30 μισά καρύδια
- 3 φλιτζάνια φυτικό λάδι, για το τηγάνισμα
- 2 κουταλιές της σούπας ζάχαρη
- 2 κουταλιές της σούπας νερό
- ¼ φλιτζάνι μαγιονέζα
- 3 κουταλιές της σούπας ζαχαρούχο γάλα
- ¼ κουταλάκι του γλυκού ξύδι ρυζιού
- Αλάτι kosher
- ⅓ φλιτζάνι άμυλο καλαμποκιού

ΟΔΗΓΙΕΣ:

a) Στρώνουμε ένα ταψί με λαδόκολλα και ψεκάζουμε ελαφρά με μαγειρικό σπρέι. Αφήνω στην άκρη.

b) Πεταλούδα τις γαρίδες κρατώντας τις σε ένα ξύλο κοπής με κυρτή πλευρά προς τα κάτω. Ξεκινώντας από την περιοχή του κεφαλιού, τοποθετήστε τη μύτη ενός μαχαιριού στα τρία τέταρτα της διαδρομής μέσα στις γαρίδες. Κάντε μια φέτα κάτω από το κέντρο της πλάτης της γαρίδας μέχρι την ουρά. Μην κόβετε μέχρι τέρμα τις γαρίδες και μην τις κόβετε στην περιοχή της ουράς. Ανοίξτε τις γαρίδες σαν βιβλίο και απλώστε τις. Σκουπίστε τη φλέβα (τον πεπτικό σωλήνα της γαρίδας) εάν είναι ορατή και ξεπλύνετε τις γαρίδες με κρύο νερό και στη συνέχεια στεγνώστε τις με μια χαρτοπετσέτα. Αφήνω στην άκρη.

c) Σε ένα γουόκ, ζεστάνετε το λάδι σε μέτρια προς δυνατή φωτιά στους 375°F ή μέχρι να φουσκώσει και να ροδίσει γύρω από την άκρη μιας ξύλινης κουτάλας. Τηγανίζουμε τα καρύδια μέχρι να ροδίσουν, για 3 με 4 λεπτά και, χρησιμοποιώντας ένα skimmer γουόκ, μεταφέρουμε τα καρύδια σε ένα πιάτο στρωμένο με χαρτί κουζίνας. Αφήνουμε στην άκρη και σβήνουμε τη φωτιά.

d) Σε μια μικρή κατσαρόλα, ανακατεύουμε τη ζάχαρη και το νερό και αφήνουμε να βράσουν σε μέτρια προς δυνατή φωτιά, ανακατεύοντας κατά διαστήματα, μέχρι να διαλυθεί η ζάχαρη. Χαμηλώνουμε τη φωτιά σε μέτρια και σιγοβράζουμε για να μειωθεί το σιρόπι για 5 λεπτά ή μέχρι το σιρόπι να γίνει πηχτό και γυαλιστερό. Προσθέστε τα καρύδια και ανακατέψτε να αλείψουν τελείως με το σιρόπι. Μεταφέρετε τους ξηρούς καρπούς στο έτοιμο ταψί και αφήστε τα στην άκρη να κρυώσουν. Η ζάχαρη πρέπει να σκληρύνει γύρω από τους ξηρούς καρπούς και να σχηματίσει ένα ζαχαρωμένο κέλυφος.

e) Σε ένα μικρό μπολ, ανακατέψτε τη μαγιονέζα, το συμπυκνωμένο γάλα, το ξύδι ρυζιού και μια πρέζα αλάτι. Αφήνω στην άκρη.

f) Επαναφέρετε το λάδι γουόκ στους 375°F σε μέτρια προς υψηλή φωτιά. Καθώς το λάδι ζεσταίνεται, αλατοπιπερώστε τις γαρίδες ελαφρά με μια πρέζα αλάτι. Σε ένα μπολ ανακατεύουμε τις γαρίδες με το καλαμποκάλευρο μέχρι να καλυφθούν καλά. Δουλεύοντας σε μικρές παρτίδες, τινάξτε το περιττό άμυλο καλαμποκιού από τις γαρίδες και τηγανίστε τις στο λάδι, μετακινώντας τις γρήγορα στο λάδι για να μην κολλήσουν μεταξύ τους. Τηγανίζουμε τις γαρίδες για 2 με 3 λεπτά μέχρι να ροδίσουν.

g) Μεταφέρετε σε ένα καθαρό μπολ και περιχύστε τη σάλτσα. Διπλώστε απαλά μέχρι να επικαλυφθούν ομοιόμορφα οι γαρίδες. Αραδιάζουμε τις γαρίδες σε μια πιατέλα και γαρνίρουμε με τα ζαχαρωμένα καρύδια. Σερβίρετε ζεστό.

36. Βελούδινα Χτένια

ΣΥΣΤΑΤΙΚΑ:

● 1 μεγάλο ασπράδι αυγού

● 2 κουταλιές της σούπας άμυλο καλαμποκιού

● 2 κουταλιές της σούπας κρασί από ρύζι Shaoxing, χωρισμένο

● 1 κουταλάκι του γλυκού αλάτι kosher, χωρισμένο

● 1 κιλό φρέσκα χτένια θάλασσας, ξεπλυμένα, αφαιρούμενα τους μυς και στεγνώνουν

● 3 κουταλιές της σούπας φυτικό λάδι, χωρισμένες

● 1 κουταλιά της σούπας ελαφριά σάλτσα σόγιας

● ¼ φλιτζάνι φρεσκοστυμμένο χυμό πορτοκαλιού

● Τριμμένο ξύσμα από 1 πορτοκάλι

● Νιφάδες κόκκινης πιπεριάς (προαιρετικά)

● 2 κρεμμύδια, μόνο το πράσινο μέρος, κομμένα σε λεπτές φέτες, για γαρνίρισμα

ΟΔΗΓΙΕΣ:

a) Σε ένα μεγάλο μπολ, ανακατέψτε το ασπράδι αβγού, το καλαμποκάλευρο, 1 κουταλιά της σούπας κρασί από ρύζι και ½ κουταλάκι του γλυκού αλάτι και ανακατέψτε με ένα μικρό σύρμα μέχρι να διαλυθεί τελείως το άμυλο καλαμποκιού και να μην είναι πλέον σβολιασμένο. Ρίχνουμε τα χτένια και τα βάζουμε στο ψυγείο για 30 λεπτά.

b) Βγάζουμε τα χτένια από το ψυγείο. Φέρτε μια μεσαίου μεγέθους κατσαρόλα με νερό να βράσει. Προσθέστε 1 κουταλιά της σούπας φυτικό λάδι και σιγοβράστε. Προσθέστε τα χτένια στο νερό που σιγοβράζει και μαγειρέψτε για 15 έως 20 δευτερόλεπτα, ανακατεύοντας συνεχώς μέχρι να γίνουν αδιαφανή τα χτένια (τα χτένια δεν θα έχουν ψηθεί τελείως). Χρησιμοποιώντας ένα ξαφριστή γουόκ, μεταφέρετε τα χτένια σε ένα ταψί στρωμένο με χαρτί κουζίνας και στεγνώστε τα με χαρτί κουζίνας.

c) Σε ένα ποτήρι μεζούρα, συνδυάστε την υπόλοιπη 1 κουταλιά της σούπας κρασί από ρύζι, ελαφριά σόγια, χυμό πορτοκαλιού, ξύσμα πορτοκαλιού και μια πρέζα νιφάδες κόκκινης πιπεριάς (αν χρησιμοποιείτε) και αφήστε στην άκρη.

d) Ζεσταίνουμε ένα γουόκ σε μέτρια προς δυνατή φωτιά μέχρι να ροδίσει μια σταγόνα νερού και να εξατμιστεί όταν έρθει σε επαφή. Ρίχνουμε τις υπόλοιπες 2 κουταλιές της σούπας λάδι και ανακατεύουμε να καλύψει τη βάση του γουόκ. Αλατοπιπερώνετε το λάδι προσθέτοντας το υπόλοιπο ½ κουταλάκι του γλυκού αλάτι.

e) Προσθέστε τα βελούδινα χτένια στο γουόκ και ανακατέψτε τη σάλτσα. Τηγανίζουμε τα χτένια μέχρι να ψηθούν, περίπου 1 λεπτό. Μεταφέρετε σε ένα πιάτο σερβιρίσματος και γαρνίρετε με τα κρεμμύδια.

37. Θαλασσινά και λαχανικά Stir-Fry με Noodles

ΣΥΣΤΑΤΙΚΑ:

● 1 φλιτζάνι φυτικό λάδι, χωρισμένο
● 3 καθαρισμένες φέτες φρέσκου τζίντζερ
● Αλάτι kosher
● 1 κόκκινη πιπεριά, κομμένη σε κομμάτια 1 ίντσας
● 1 μικρό λευκό κρεμμύδι, κομμένο σε λεπτές, μακριές κάθετες λωρίδες
● 1 μεγάλη χούφτα αρακά χιονιού, αφαιρεμένα τα κορδόνια
● 2 μεγάλες σκελίδες σκόρδο, ψιλοκομμένες
● ½ κιλό γαρίδες ή ψάρι, κομμένα σε κομμάτια 1 ίντσας
● 1 κουταλιά της σούπας σάλτσα μαύρου φασολιού
● ½ κιλό αποξηραμένα ζυμαρικά ρυζιού με φιδέ ή ζυμαρικά με κλωστή φασολιών

ΟΔΗΓΙΕΣ:

a) Ζεσταίνουμε ένα γουόκ σε μέτρια προς δυνατή φωτιά μέχρι να ροδίσει μια σταγόνα νερού και να εξατμιστεί όταν έρθει σε επαφή. Ρίχνουμε 2 κουταλιές της σούπας λάδι και ανακατεύουμε να καλύψει τη βάση του γουόκ. Αλατοπιπερώστε το λάδι προσθέτοντας τις φέτες τζίντζερ και μια μικρή πρέζα αλάτι. Αφήστε το τζίντζερ να ροδίσει στο λάδι για περίπου 30 δευτερόλεπτα, στροβιλίζοντας απαλά.

b) Προσθέστε την πιπεριά και το κρεμμύδι και ανακατέψτε γρήγορα ανακατεύοντάς τα και αναποδογυρίζοντάς τα στο γουόκ χρησιμοποιώντας μια σπάτουλα γουόκ.

c) Αλατοπιπερώνουμε ελαφρά και συνεχίζουμε να τσιγαρίζουμε για 4 με 6 λεπτά, μέχρι το κρεμμύδι να φαίνεται απαλό και διάφανο. Προσθέστε τον αρακά και το σκόρδο, ανακατεύοντας και αναποδογυρίζοντας μέχρι να μυρίσει το σκόρδο, περίπου άλλο ένα λεπτό. Μεταφέρετε τα λαχανικά σε ένα πιάτο.

d) Ζεσταίνουμε άλλη 1 κουταλιά της σούπας λάδι και προσθέτουμε τις γαρίδες ή το ψάρι. Ρίξτε απαλά και αλατοπιπερώστε ελαφρά με μια μικρή πρέζα αλάτι. Τηγανίζουμε για 3 έως 4 λεπτά ή μέχρι οι γαρίδες να γίνουν ροζ ή το ψάρι να αρχίσει να ξεφλουδίζει. Επιστρέψτε τα λαχανικά και ανακατέψτε τα όλα μαζί για 1 λεπτό ακόμα. Πετάξτε το τζίντζερ και μεταφέρετε τις γαρίδες σε μια πιατέλα. Σκηνή με αλουμινόχαρτο για να διατηρείται ζεστή.

e) Σκουπίστε το γουόκ και επιστρέψτε σε μέτρια προς δυνατή φωτιά. Ρίξτε το υπόλοιπο λάδι (περίπου ¾ φλιτζάνι) και θερμαίνετε στους 375°F ή μέχρι να φουσκώσει και να ροδίσει γύρω από την άκρη μιας ξύλινης κουτάλας. Μόλις πάρει θερμοκρασία το λάδι, προσθέτουμε τα ξερά νουντλς. Θα αρχίσουν αμέσως να φουσκώνουν και να φουσκώνουν από το λάδι. Χρησιμοποιώντας λαβίδες, αναποδογυρίστε το σύννεφο των νουντλς αν χρειάζεται να τηγανίσετε την κορυφή και αφαιρέστε προσεκτικά από το λάδι και μεταφέρετε σε πιατέλα με επένδυση από χαρτί κουζίνας για να στραγγίξουν και να κρυώσουν.

f) Σπάστε απαλά τα noodles σε μικρότερα κομμάτια και σκορπίστε πάνω από τα τηγανητά λαχανικά και τις γαρίδες. Σερβίρετε αμέσως.

38. Ολόκληρο ψάρι στον ατμό με τζίντζερ και κρεμμύδι

ΣΥΣΤΑΤΙΚΑ:

Για τα ψάρια

● 1 ολόκληρο λευκό ψάρι, περίπου 2 κιλά, με το κεφάλι και καθαρισμένο

● ½ φλιτζάνι αλάτι kosher, για καθάρισμα

● 3 κρεμμύδια, κομμένα σε κομμάτια 3 ιντσών

● 4 καθαρισμένες φέτες φρέσκου τζίντζερ, η καθεμία περίπου στο μέγεθος ενός τετάρτου

● 2 κουταλιές της σούπας κρασί από ρύζι Shaoxing

Για τη σάλτσα

● 2 κουταλιές της σούπας ελαφριά σάλτσα σόγιας

● 1 κουταλιά της σούπας σησαμέλαιο

● 2 κουταλάκια του γλυκού ζάχαρη

Για το λαδάκι τζίντζερ

● 3 κουταλιές της σούπας φυτικό λάδι

● 2 κουταλιές της σούπας καθαρισμένο φρέσκο τζίντζερ ψιλοκομμένο σε λεπτές λωρίδες

● 2 κρεμμυδάκια, κομμένα σε λεπτές φέτες

● Κόκκινο κρεμμύδι, κομμένο σε λεπτές φέτες (προαιρετικά)

● κόλιαντρο (προαιρετικό)

ΟΔΗΓΙΕΣ:

a) Τρίψτε τα ψάρια μέσα και έξω με το αλάτι kosher. Ξεπλύνετε τα ψάρια και στεγνώστε τα με απορροφητικό χαρτί κουζίνας.

b) Σε ένα πιάτο αρκετά μεγάλο ώστε να χωράει σε ένα καλάθι ατμομάγειρα από μπαμπού, στρώστε ένα κρεβάτι χρησιμοποιώντας το μισό από κάθε κρεμμύδι και τζίντζερ. Τοποθετήστε το ψάρι από πάνω και γεμίστε τα υπόλοιπα κρεμμύδια και το τζίντζερ μέσα στο ψάρι. Περιχύνουμε το ψάρι με το κρασί από ρύζι.

c) Ξεπλύνετε ένα καλάθι ατμού από μπαμπού και το καπάκι του κάτω από κρύο νερό και τοποθετήστε το στο γουόκ. Ρίξτε περίπου 2 ίντσες κρύο νερό ή μέχρι να φτάσει πάνω από το κάτω χείλος του ατμομάγειρα κατά περίπου ¼ έως ½ ίντσα, αλλά όχι τόσο ψηλά ώστε το νερό να αγγίζει το κάτω μέρος του καλαθιού. Φέρτε το νερό να βράσει.

d) Τοποθετήστε το πιάτο στο καλάθι του ατμού και καλύψτε. Βράζουμε το ψάρι στον ατμό σε μέτρια φωτιά για 15 λεπτά (προσθέστε 2 λεπτά για κάθε μισό κιλό παραπάνω). Πριν το βγάλετε από το γουόκ, τρυπήστε το ψάρι με ένα πιρούνι κοντά στο κεφάλι. Αν η σάρκα ξεφλουδίσει, έχει γίνει. Εάν η σάρκα εξακολουθεί να κολλάει μεταξύ τους, βράζουμε στον ατμό για 2 λεπτά ακόμη.

e) Όσο το ψάρι βράζει στον ατμό, σε ένα μικρό τηγάνι ζεσταίνουμε σε χαμηλή φωτιά την ελαφριά σόγια, το σησαμέλαιο και τη ζάχαρη και αφήνουμε στην άκρη.

f) Μόλις ψηθεί το ψάρι, το μεταφέρουμε σε καθαρή πιατέλα. Απορρίψτε το μαγειρικό υγρό και τα αρωματικά από το πιάτο στον ατμό. Ρίξτε το ζεστό μείγμα σάλτσας σόγιας πάνω στα ψάρια. Σκηνή με αλουμινόχαρτο για να είναι ζεστό όσο ετοιμάζετε το λάδι.

39. Ψάρι stir-fried με τζίντζερ και Bok Choy

ΣΥΣΤΑΤΙΚΑ:

● 1 μεγάλο ασπράδι αυγού

● 1 κουταλιά της σούπας κρασί από ρύζι Shaoxing

● 2 κουταλάκια του γλυκού άμυλο καλαμποκιού

● 1 κουταλάκι του γλυκού σησαμέλαιο

● ½ κουταλάκι του γλυκού ελαφριά σάλτσα σόγιας

● 1 κιλό φιλέτα ψαριού χωρίς κόκαλα, κομμένα σε κομμάτια 2 ιντσών

● 4 κουταλιές της σούπας φυτικό λάδι, χωρισμένες

● Αλάτι kosher

● 4 καθαρισμένες φέτες φρέσκου τζίντζερ, περίπου στο μέγεθος του ενός τετάρτου

● 3 κεφαλές baby bok choy, κομμένες σε μπουκιές

● 1 σκελίδα σκόρδο, ψιλοκομμένη

ΟΔΗΓΙΕΣ:

a) Σε ένα μεσαίο μπολ, ανακατέψτε το ασπράδι του αυγού, το κρασί ρυζιού, το καλαμποκάλευρο, το σησαμέλαιο και την ελαφριά σόγια. Προσθέστε το ψάρι στη μαρινάδα, και ανακατέψτε να καλυφθεί. Μαρινάρετε για 10 λεπτά.

b) Ζεσταίνουμε ένα γουόκ σε μέτρια προς δυνατή φωτιά μέχρι να ροδίσει μια σταγόνα νερού και να εξατμιστεί όταν έρθει σε επαφή. Ρίχνουμε 2 κουταλιές της σούπας φυτικό λάδι και ανακατεύουμε να καλύψει τη βάση του γουόκ. Αλατοπιπερώνετε το λάδι προσθέτοντας μια μικρή πρέζα αλάτι και ανακατεύετε απαλά.

c) Με μια τρυπητή κουτάλα βγάζετε το ψάρι από τη μαρινάδα και ψήνετε στο γουόκ για περίπου 2 λεπτά από κάθε πλευρά, μέχρι να ροδίσουν ελαφρά και από τις δύο πλευρές. Μεταφέρουμε το ψάρι σε ένα πιάτο και το αφήνουμε στην άκρη.

d) Προσθέστε τις υπόλοιπες 2 κουταλιές της σούπας φυτικό λάδι στο γουόκ. Προσθέστε άλλη μια πρέζα αλάτι και το τζίντζερ και αλατοπιπερώστε το λάδι, ανακατεύοντας απαλά για 30 δευτερόλεπτα. Προσθέστε το bok choy και το σκόρδο και ανακατέψτε για 3 έως 4 λεπτά, ανακατεύοντας συνεχώς, μέχρι να μαλακώσει το bok choy.

e) Επιστρέψτε το ψάρι στο γουόκ και ανακατέψτε απαλά μαζί με το μποκ τσόι μέχρι να ενωθούν. Αλατοπιπερώνουμε ελαφρά με άλλη μια πρέζα αλάτι. Μεταφέρετε σε μια πιατέλα, πετάξτε το τζίντζερ και σερβίρετε αμέσως.

40.   Μύδια σε σάλτσα μαύρων φασολιών

ΣΥΣΤΑΤΙΚΑ:

- 3 κουταλιές της σούπας φυτικό λάδι
- 2 καθαρισμένες φέτες φρέσκου τζίντζερ, η καθεμία περίπου στο μέγεθος ενός τετάρτου
- Αλάτι kosher
- 2 κρεμμύδια, κομμένα σε κομμάτια μήκους 2 ιντσών
- 4 μεγάλες σκελίδες σκόρδο, κομμένες σε λεπτές φέτες
- 2 κιλά ζωντανά μύδια PEI, καθαρισμένα και ξεγονιασμένα
- 2 κουταλιές της σούπας κρασί από ρύζι Shaoxing
- 2 κουταλιές της σούπας σάλτσα μαύρου φασολιού ή σάλτσα μαύρων φασολιών από το κατάστημα
- 2 κουταλάκια του γλυκού σησαμέλαιο
- ½ ματσάκι φρέσκο κόλιανδρο, χοντροκομμένο

ΟΔΗΓΙΕΣ:

a) Ζεσταίνουμε ένα γουόκ σε μέτρια προς δυνατή φωτιά μέχρι να ροδίσει μια σταγόνα νερού και να εξατμιστεί όταν έρθει σε επαφή. Ρίξτε το φυτικό λάδι και ανακατέψτε για να καλύψει τη βάση του γουόκ. Αλατοπιπερώστε το λάδι προσθέτοντας τις φέτες τζίντζερ και μια μικρή πρέζα αλάτι. Αφήστε το τζίντζερ να ροδίσει στο λάδι για περίπου 30 δευτερόλεπτα, στροβιλίζοντας απαλά.

b) Ρίξτε μέσα τα κρεμμύδια και το σκόρδο και ανακατέψτε για 10 δευτερόλεπτα ή μέχρι να μαραθούν τα κρεμμύδια.

c) Προσθέτουμε τα μύδια και τα περιχύνουμε με το λάδι. Ρίξτε το κρασί από ρύζι στις πλευρές του γουόκ και ανακατέψτε για λίγο. Σκεπάζουμε και αχνίζουμε για 6 με 8 λεπτά, μέχρι να ανοίξουν τα μύδια.

d) Ξεσκεπάζουμε και προσθέτουμε τη σάλτσα μαύρου φασολιού, ανακατεύοντας να καλυφθούν τα μύδια. Σκεπάζουμε και αφήνουμε στον ατμό για άλλα 2 λεπτά. Ξεσκεπάζετε και διαλέγετε, αφαιρώντας τυχόν μύδια που δεν έχουν ανοίξει.

e) Περιχύνετε τα μύδια με το σησαμέλαιο. Ανακατεύουμε για λίγο μέχρι να μυρίσει το σησαμέλαιο. Πετάξτε το τζίντζερ, μεταφέρετε τα μύδια σε μια πιατέλα και γαρνίρετε με τον κόλιανδρο.

41. Καβούρι καρύδας

ΣΥΣΤΑΤΙΚΑ:

- 2 κουταλιές της σούπας φυτικό λάδι
- 2 καθαρισμένες φέτες φρέσκο τζίντζερ, περίπου στο μέγεθος του ενός τετάρτου
- Αλάτι kosher
- 1 ασκαλώνιο, κομμένο σε λεπτές φέτες
- 1 κουταλιά της σούπας σκόνη κάρυ
- 1 (13,5 ουγγιές) κουτί γάλα καρύδας
- ¼ κουταλάκι του γλυκού ζάχαρη
- 1 κουταλιά της σούπας κρασί από ρύζι Shaoxing
- 1 κιλό κονσερβοποιημένο κρέας καβούρι, στραγγισμένο και κομμένο για να αφαιρέσετε τα κομμάτια του κελύφους
- Φρεσκοτριμμένο μαύρο πιπέρι
- ¼ φλιτζάνι ψιλοκομμένο φρέσκο κόλιαντρο ή μαϊντανό με πλακέ φύλλα, για γαρνίρισμα
- Μαγειρεμένο ρύζι, για το σερβίρισμα

ΟΔΗΓΙΕΣ:

a) Ζεσταίνουμε ένα γουόκ σε μέτρια προς δυνατή φωτιά μέχρι να ροδίσει μια σταγόνα νερού και να εξατμιστεί όταν έρθει σε επαφή. Ρίχνουμε το λάδι και ανακατεύουμε να καλύψει τη βάση του γουόκ. Αλατοπιπερώστε το λάδι προσθέτοντας τις φέτες τζίντζερ και μια πρέζα αλάτι. Αφήστε το τζίντζερ να ροδίσει στο λάδι για περίπου 30 δευτερόλεπτα, στροβιλίζοντας απαλά.

b) Προσθέστε το κρεμμύδι και ανακατεύετε για περίπου 10 δευτερόλεπτα. Προσθέστε τη σκόνη κάρυ και ανακατέψτε μέχρι να μυρίσει για άλλα 10 δευτερόλεπτα.

c) Ρίξτε το γάλα καρύδας, τη ζάχαρη και το κρασί ρυζιού, σκεπάστε το γουόκ και μαγειρέψτε για 5 λεπτά.

d) Ανακατέψτε το καβούρι, καλύψτε με το καπάκι και μαγειρέψτε μέχρι να ζεσταθεί, περίπου 5 λεπτά. Αφαιρούμε το καπάκι, προσαρμόζουμε το καρύκευμα με αλάτι και πιπέρι και πετάμε το τζίντζερ. Ρίξτε μια κουτάλα πάνω από ένα μπολ με ρύζι και γαρνίρετε με ψιλοκομμένο κόλιαντρο.

42. Καλαμάρι μαύρο πιπέρι τηγανητό

ΣΥΣΤΑΤΙΚΑ:

- 3 φλιτζάνια φυτικό λάδι
- Σωλήνες και πλοκάμια καλαμαριού 1 κιλού, καθαρισμένα και σωλήνες κομμένοι σε δακτυλίους 1 ίντσας
- ½ φλιτζάνι ρυζάλευρο
- Αλάτι kosher
- ¼ κουταλάκι του γλυκού φρεσκοτριμμένο μαύρο πιπέρι
- ¾ φλιτζάνι ανθρακούχο νερό, διατηρημένο στον πάγο κρύο
- 2 κουταλιές της σούπας φρέσκο κόλιανδρο χοντροκομμένο

ΟΔΗΓΙΕΣ:

a) Ρίξτε το λάδι στο γουόκ. το λάδι πρέπει να είναι περίπου 1 έως 1 ½ ίντσα βάθος. Φέρτε το λάδι στους 375°F σε μέτρια προς δυνατή φωτιά. Μπορείτε να πείτε ότι το λάδι είναι στη σωστή θερμοκρασία όταν το λάδι βγάζει φυσαλίδες και τσιτσιρίζει γύρω από την άκρη μιας ξύλινης κουτάλας όταν βυθίζεται μέσα. Στεγνώστε το καλαμάρι με χαρτί κουζίνας.

b) Εν τω μεταξύ, σε ένα ρηχό μπολ, ανακατεύουμε το ρυζάλευρο με μια πρέζα αλάτι και το πιπέρι. Χτυπάμε με σύρμα αρκετό ανθρακούχο νερό για να σχηματιστεί ένα λεπτό κουρκούτι. Διπλώστε μέσα τα καλαμάρια και, δουλεύοντας σε παρτίδες, ανασηκώστε τα καλαμάρια από το κουρκούτι χρησιμοποιώντας ένα ξαφριστή γουόκ ή τρυπητή κουτάλα, ανακινώντας τυχόν περίσσεια. Χαμηλώνουμε προσεκτικά στο καυτό λάδι.

c) Μαγειρέψτε τα καλαμάρια για περίπου 3 λεπτά, μέχρι να ροδίσουν και να γίνουν τραγανά. Χρησιμοποιώντας ένα ξαφριστή γουόκ, αφαιρέστε το καλαμάρι από το λάδι και μεταφέρετε σε πιατέλα με επένδυση από χαρτί κουζίνας και αλατοπιπερώστε ελαφρά. Επαναλάβετε με τα υπόλοιπα καλαμάρια.

d) Μεταφέρετε τα καλαμάρια σε μια πιατέλα και γαρνίρετε με τον κόλιανδρο. Σερβίρετε ζεστό.

43.   Στρείδια τηγανητά με κομφετί τσίλι-σκόρδο

ΣΥΣΤΑΤΙΚΑ:

- 1 δοχείο (16 ουγγιών) μικρά στρείδια
- ½ φλιτζάνι ρυζάλευρο
- ½ φλιτζάνι αλεύρι για όλες τις χρήσεις, χωρισμένο
- ½ κουταλάκι του γλυκού μπέικιν πάουντερ
- Αλάτι kosher
- Αλεσμένο λευκό πιπέρι
- ¼ κουταλάκι του γλυκού κρεμμύδι σε σκόνη
- ¾ φλιτζάνι ανθρακούχο νερό, παγωμένο
- 1 κουταλάκι του γλυκού σησαμέλαιο
- 3 φλιτζάνια φυτικό λάδι
- 3 μεγάλες σκελίδες σκόρδο, κομμένες σε λεπτές φέτες
- 1 μικρό κόκκινο τσίλι, κομμένο σε κύβους
- 1 μικρό πράσινο τσίλι, κομμένο σε κύβους
- 1 κρεμμύδι, κομμένο σε λεπτές φέτες

ΟΔΗΓΙΕΣ:

a) Σε ένα μπολ ανακατεύουμε το ρυζάλευρο, το ¼ φλιτζάνι αλεύρι για όλες τις χρήσεις, το μπέικιν πάουντερ, μια πρέζα αλάτι και άσπρο πιπέρι και το κρεμμύδι σε σκόνη. Προσθέστε το ανθρακούχο νερό και το σησαμέλαιο, ανακατέψτε μέχρι να ομογενοποιηθούν και αφήστε το στην άκρη.

b) Σε ένα γουόκ, ζεστάνετε το φυτικό λάδι σε μέτρια προς δυνατή φωτιά στους 375°F ή μέχρι να φουσκώσει και να ροδίσει γύρω από την άκρη μιας ξύλινης κουτάλας.

c) Καθαρίστε τα στρείδια με μια χαρτοπετσέτα και ρίξτε το υπόλοιπο ¼ φλιτζάνι αλεύρι για όλες τις χρήσεις. Βουτήξτε τα στρείδια ένα-ένα στο κουρκούτι με ρυζάλευρο και χαμηλώστε προσεκτικά στο καυτό λάδι.

d) Τηγανίζουμε τα στρείδια για 3 έως 4 λεπτά ή μέχρι να ροδίσουν. Μεταφέρετε σε συρμάτινη σχάρα ψύξης τοποθετημένη πάνω σε ταψί για να στραγγίξει. Πασπαλίζουμε ελαφρά με αλάτι.

e) Επαναφέρετε τη θερμοκρασία του λαδιού στους 375°F και τηγανίζετε το σκόρδο και τα τσίλι για λίγο μέχρι να γίνουν τραγανά αλλά να έχουν έντονο χρώμα, περίπου 45 δευτερόλεπτα. Με ένα συρμάτινο skimmer βγάζουμε το λάδι και το βάζουμε σε πιατέλα στρωμένη με χαρτί κουζίνας.

f) Τοποθετήστε τα στρείδια σε μια πιατέλα και πασπαλίστε από πάνω το σκόρδο και τα τσίλι. Γαρνίρουμε με το κρεμμύδι σε φέτες και σερβίρουμε αμέσως.

44. Κοτόπουλο Kung Pao

ΣΥΣΤΑΤΙΚΑ:

● 3 κουταλάκια του γλυκού ελαφριά σάλτσα σόγιας

● 2 ½ κουταλάκια του γλυκού άμυλο καλαμποκιού

● 2 κουταλάκια του γλυκού κινέζικο μαύρο ξύδι

● 1 κουταλάκι του γλυκού κρασί από ρύζι Shaoxing

● 1 κουταλάκι του γλυκού σησαμέλαιο

● ¾ λίβρα χωρίς κόκαλα, χωρίς δέρμα, μπούτια κοτόπουλου, κομμένα σε 1 ίντσα

● 2 κουταλιές της σούπας φυτικό λάδι

● 6 με 8 ολόκληρα αποξηραμένα κόκκινα τσίλι

● 3 κρεμμύδια, λευκά και πράσινα μέρη χωρισμένα, κομμένα σε λεπτές φέτες

● 2 σκελίδες σκόρδο, ψιλοκομμένες

● 1 κουταλάκι του γλυκού καθαρισμένο φρέσκο τζίντζερ ψιλοκομμένο

● ¼ φλιτζάνι ανάλατα ξερά καβουρδισμένα φιστίκια

ΟΔΗΓΙΕΣ:

a) Σε ένα μεσαίο μπολ, ανακατέψτε μαζί την ελαφριά σόγια, το καλαμποκάλευρο, το μαύρο ξύδι, το κρασί ρυζιού και το σησαμέλαιο μέχρι να διαλυθεί το καλαμποκάλευρο. Προσθέτουμε το κοτόπουλο και ανακατεύουμε απαλά να στρωθεί. Μαρινάρετε για 10 με 15 λεπτά ή αρκετό χρόνο για να ετοιμάσετε τα υπόλοιπα υλικά.

b) Ζεσταίνουμε ένα γουόκ σε μέτρια προς δυνατή φωτιά μέχρι να ροδίσει μια σταγόνα νερού και να εξατμιστεί όταν έρθει σε επαφή. Ρίξτε το φυτικό λάδι και ανακατέψτε για να καλύψει τη βάση του γουόκ.

c) Προσθέστε τα τσίλι και τηγανίστε τα για περίπου 10 δευτερόλεπτα ή μέχρι να αρχίσουν να μαυρίζουν και το λάδι να μυρίσει ελαφρώς.

d) Προσθέστε το κοτόπουλο, κρατώντας τη μαρινάδα, και ανακατέψτε για 3 έως 4 λεπτά, μέχρι να μην είναι πλέον ροζ.

e) Ρίξτε μέσα το ασπράδι του κρεμμυδιού, το σκόρδο και το τζίντζερ και ανακατέψτε για περίπου 30 δευτερόλεπτα. Ρίχνουμε τη μαρινάδα και ανακατεύουμε να στρωθεί το κοτόπουλο. Ρίξτε μέσα τα φιστίκια και μαγειρέψτε για άλλα 2 με 3 λεπτά, μέχρι η σάλτσα να γίνει γυαλιστερή.

f) Μεταφέρετε σε πιατέλα σερβιρίσματος, γαρνίρετε με τα χόρτα του κρεμμυδιού και σερβίρετε ζεστό.

45. Κοτόπουλο μπρόκολο

ΣΥΣΤΑΤΙΚΑ:

- 1 κουταλιά της σούπας κρασί από ρύζι Shaoxing
- 2 κουταλάκια του γλυκού ελαφριά σάλτσα σόγιας
- 1 κουταλάκι του γλυκού ψιλοκομμένο σκόρδο
- 1 κουταλάκι του γλυκού άμυλο καλαμποκιού
- ¼ κουταλάκι του γλυκού ζάχαρη
- ¾ λίβρα μπούτια κοτόπουλου χωρίς κόκαλα, χωρίς δέρμα, κομμένα σε κομμάτια 2 ιντσών
- 2 κουταλιές της σούπας φυτικό λάδι
- 4 καθαρισμένες φέτες φρέσκου τζίντζερ, περίπου στο μέγεθος του ενός τετάρτου
- Αλάτι kosher
- 1 κιλό μπρόκολο, κομμένο σε μπουκίτσες μπουκιές
- 2 κουταλιές της σούπας νερό
- Νιφάδες κόκκινης πιπεριάς (προαιρετικά)
- ¼ φλιτζάνι σάλτσα μαύρων φασολιών ή σάλτσα μαύρων φασολιών από το κατάστημα

ΟΔΗΓΙΕΣ:

a) Σε ένα μικρό μπολ, ανακατέψτε το κρασί από ρύζι, τη σόγια, το σκόρδο, το καλαμποκάλευρο και τη ζάχαρη. Προσθέτουμε το κοτόπουλο και το μαρινάρουμε για 10 λεπτά.

b) Ζεσταίνουμε ένα γουόκ σε μέτρια προς δυνατή φωτιά μέχρι να ροδίσει μια σταγόνα νερού και να εξατμιστεί όταν έρθει σε επαφή. Ρίξτε το φυτικό λάδι και ανακατέψτε για να καλύψει τη βάση του γουόκ. Προσθέστε το τζίντζερ και μια πρέζα αλάτι. Αφήστε το τζίντζερ να ροδίσει για περίπου 30 δευτερόλεπτα, στροβιλίζοντας απαλά.

c) Μεταφέρουμε το κοτόπουλο στο γουόκ, πετάμε τη μαρινάδα. Τηγανίζουμε το κοτόπουλο για 4 έως 5 λεπτά, μέχρι να μην είναι πλέον ροζ. Προσθέστε το μπρόκολο, το νερό και μια πρέζα νιφάδες κόκκινης πιπεριάς (αν χρησιμοποιείτε) και ανακατεύετε για 1 λεπτό. Σκεπάζουμε το γουόκ και βράζουμε το μπρόκολο στον ατμό για 6 με 8 λεπτά, μέχρι να γίνει τραγανό.

d) Ανακατέψτε τη σάλτσα μαύρων φασολιών μέχρι να επικαλυφθεί και να ζεσταθεί, περίπου 2 λεπτά ή μέχρι η σάλτσα να πήξει ελαφρώς και να γίνει γυαλιστερή.

e) Πετάξτε το τζίντζερ, μεταφέρετε σε πιατέλα και σερβίρετε ζεστό.

46.   Κοτόπουλο με ξύσμα μανταρίνι

ΣΥΣΤΑΤΙΚΑ:

● 3 μεγάλα ασπράδια αυγών

● 2 κουταλιές της σούπας άμυλο καλαμποκιού

● 1 ½ κουταλιά της σούπας ελαφριά σάλτσα σόγιας, χωρισμένη

● ¼ κουταλάκι του γλυκού αλεσμένο λευκό πιπέρι

● ¾ λίβρα μπούτια κοτόπουλου χωρίς κόκαλα, χωρίς δέρμα, κομμένα σε κομμάτια μεγέθους μπουκιάς

● 3 φλιτζάνια φυτικό λάδι

● 4 καθαρισμένες φέτες φρέσκου τζίντζερ, η καθεμία περίπου στο μέγεθος ενός τετάρτου

● 1 κουταλάκι του γλυκού κόκκοι πιπεριού Σετσουάν, ελαφρώς σπασμένοι

● Αλάτι kosher

● ½ κίτρινο κρεμμύδι, κομμένο σε λεπτές φέτες σε λωρίδες πλάτους ¼ ίντσας

● Φλούδα από 1 μανταρίνι, κομμένη σε λωρίδες πάχους ⅛ ίντσας

● Χυμός από 2 μανταρίνια (περίπου ½ φλιτζάνι)

● 2 κουταλάκια του γλυκού σησαμέλαιο

● ½ κουταλάκι του γλυκού ξύδι ρυζιού

● Ανοιχτή καστανή ζάχαρη

● 2 κρεμμύδια κομμένα σε λεπτές φέτες για το γαρνίρισμα

● 1 κουταλιά της σούπας σουσάμι, για γαρνίρισμα

ΟΔΗΓΙΕΣ:

a) Σε ένα μπολ του μίξερ, χρησιμοποιώντας ένα πιρούνι ή ένα σύρμα, χτυπήστε τα ασπράδια μέχρι να αφρατέψουν και μέχρι να αφρατέψουν οι πιο σφιχτές σβώλοι. Ανακατέψτε το άμυλο καλαμποκιού, 2 κουταλάκια του γλυκού ελαφριά σόγια και το λευκό πιπέρι μέχρι να αναμειχθούν καλά. Διπλώνουμε το κοτόπουλο και το μαρινάρουμε για 10 λεπτά.

b) Ρίξτε το λάδι στο γουόκ. το λάδι πρέπει να είναι περίπου 1 έως 1 ½ ίντσα βάθος. Φέρτε το λάδι στους 375°F σε μέτρια προς δυνατή φωτιά. Μπορείτε να καταλάβετε ότι το λάδι είναι στη σωστή θερμοκρασία όταν βυθίσετε την άκρη μιας ξύλινης κουτάλας στο λάδι. Εάν το λάδι βγάζει φυσαλίδες και τσιτσιρίζει γύρω του, το λάδι είναι έτοιμο.

c) Χρησιμοποιώντας μια τρυπητή κουτάλα ή ξαφριστή γουόκ, βγάζετε το κοτόπουλο από τη μαρινάδα και τινάζετε την περίσσεια. Χαμηλώνουμε προσεκτικά στο καυτό λάδι. Τηγανίζουμε το κοτόπουλο σε παρτίδες για 3 έως 4 λεπτά ή μέχρι το κοτόπουλο να ροδίσει και να γίνει τραγανό στην επιφάνεια. Μεταφέρετε σε πιάτο στρωμένο με χαρτί κουζίνας.

d) Ρίξτε όλο εκτός από 1 κουταλιά της σούπας λάδι από το γουόκ και βάλτε το σε μέτρια προς δυνατή φωτιά. Ανακινήστε το λάδι για να καλύψετε τη βάση του γουόκ. Αλατοπιπερώστε το λάδι προσθέτοντας το τζίντζερ, τους κόκκους πιπεριού και μια πρέζα αλάτι. Αφήστε το τζίντζερ και τους κόκκους πιπεριού να ροδίσουν στο λάδι για περίπου 30 δευτερόλεπτα, στροβιλίζοντας απαλά.

e) Προσθέστε το κρεμμύδι και τσιγαρίστε, ανακατεύοντας και αναποδογυρίζοντας με μια σπάτουλα γουόκ για 2 έως 3 λεπτά ή μέχρι το κρεμμύδι να γίνει μαλακό και διαφανές. Προσθέτουμε τη φλούδα του μανταρινιού και τηγανίζουμε για άλλο ένα λεπτό ή μέχρι να μυρίσει.

f) Προσθέστε το χυμό μανταρίνι, το σησαμέλαιο, το ξύδι και μια πρέζα καστανή ζάχαρη. Αφήνουμε τη σάλτσα να πάρει μια βράση και σιγοβράζουμε για περίπου 6 λεπτά, μέχρι να μειωθεί στο μισό. Πρέπει να είναι σιροπιαστό και πολύ πικάντικο. Δοκιμάζουμε και προσθέτουμε μια πρέζα αλάτι, αν χρειάζεται.

g) Σβήνουμε τη φωτιά και προσθέτουμε το τηγανητό κοτόπουλο, περιχύνοντας με τη σάλτσα. Μεταφέρουμε το κοτόπουλο σε μια πιατέλα, πετάμε το τζίντζερ και γαρνίρουμε με το κρεμμύδι σε φέτες και το σουσάμι. Σερβίρετε ζεστό.

47. Κοτόπουλο Κάσιους

ΣΕΡΒΙΡΙΖΕΙ 4 ΕΩΣ 6

ΣΥΣΤΑΤΙΚΑ:

- 1 κουταλιά της σούπας ελαφριά σάλτσα σόγιας
- 2 κουταλάκια του γλυκού κρασί από ρύζι Shaoxing
- 2 κουταλάκια του γλυκού άμυλο καλαμποκιού
- 1 κουταλάκι του γλυκού σησαμέλαιο
- ½ κουταλάκι του γλυκού αλεσμένοι κόκκοι πιπεριού Σετσουάν
- ¾ λίβρα χωρίς κόκαλα, χωρίς δέρμα, μπούτια κοτόπουλου, κομμένα σε κύβους 1 ίντσας
- 2 κουταλιές της σούπας φυτικό λάδι
- Κομμάτι ½ ίντσας αποφλοιωμένο, ψιλοκομμένο φρέσκο τζίντζερ
- Αλάτι kosher
- ½ κόκκινη πιπεριά, κομμένη σε κομμάτια ½ ίντσας
- 1 μικρό κολοκυθάκι, κομμένο σε κομμάτια ½ ίντσας
- 2 σκελίδες σκόρδο, ψιλοκομμένες
- ½ φλιτζάνι ανάλατα ξερά ψητά κάσιους
- 2 κρεμμύδια, λευκά και πράσινα μέρη χωρισμένα, κομμένα σε λεπτές φέτες

ΟΔΗΓΙΕΣ:

a) Σε ένα μεσαίο μπολ, ανακατέψτε μαζί την ελαφριά σόγια, το κρασί ρυζιού, το καλαμποκάλευρο, το σησαμέλαιο και το πιπέρι Σετσουάν. Προσθέτουμε το κοτόπουλο και ανακατεύουμε απαλά να στρωθεί. Αφήστε το να μαριναριστεί για 15 λεπτά, ή για αρκετό χρόνο για να ετοιμάσετε τα υπόλοιπα υλικά.

b) Ζεσταίνουμε ένα γουόκ σε μέτρια προς δυνατή φωτιά μέχρι να ροδίσει μια σταγόνα νερού και να εξατμιστεί όταν έρθει σε επαφή. Ρίξτε το φυτικό λάδι και ανακατέψτε για να καλύψει τη βάση του γουόκ. Αλατοπιπερώστε το λάδι προσθέτοντας το τζίντζερ και μια πρέζα αλάτι. Αφήστε το τζίντζερ να ροδίσει στο λάδι για περίπου 30 δευτερόλεπτα, στροβιλίζοντας απαλά.

c) Χρησιμοποιώντας λαβίδες, σηκώνετε το κοτόπουλο από τη μαρινάδα και μεταφέρετε στο γουόκ, κρατώντας τη μαρινάδα. Τηγανίζουμε το κοτόπουλο για 4 έως 5 λεπτά, μέχρι να μην είναι πλέον ροζ. Προσθέστε την κόκκινη πιπεριά, τα κολοκυθάκια και το σκόρδο και ανακατέψτε για 2 έως 3 λεπτά ή μέχρι να μαλακώσουν τα λαχανικά.

d) Ρίχνουμε τη μαρινάδα και ανακατεύουμε να καλυφθούν τα υπόλοιπα υλικά. Αφήνουμε τη μαρινάδα να πάρει μια βράση και συνεχίζουμε να τηγανίζουμε για 1 με 2 λεπτά, μέχρι η σάλτσα να γίνει πηχτή και γυαλιστερή. Ρίξτε τα κάσιους και μαγειρέψτε για άλλο ένα λεπτό.

e) Μεταφέρετε σε πιατέλα σερβιρίσματος, γαρνίρετε με το κρεμμύδι και σερβίρετε ζεστό.

48. Velvet Chicken and Snow Peas

ΣΥΣΤΑΤΙΚΑ:

- 2 μεγάλα ασπράδια αυγών
- 2 κουταλιές της σούπας άμυλο καλαμποκιού, συν 1 κουταλάκι του γλυκού
- ¾ κιλό στήθη κοτόπουλου χωρίς κόκαλα, χωρίς δέρμα
- 3 ½ κουταλιές της σούπας φυτικό λάδι, χωρισμένα
- ⅓ φλιτζάνι ζωμός κοτόπουλου με χαμηλή περιεκτικότητα σε νάτριο
- 1 κουταλιά της σούπας κρασί από ρύζι Shaoxing
- Αλάτι kosher
- Αλεσμένο λευκό πιπέρι
- 4 καθαρισμένες φέτες φρέσκου τζίντζερ
- 1 κονσέρβα (4 ουγκιά) κομμένα σε φέτες βλαστούς μπαμπού, ξεπλυμένα και στραγγισμένα
- 3 σκελίδες σκόρδο, ψιλοκομμένες
- ¾ λίβρα αρακά χιονιού ή μπιζέλια ζάχαρης, αφαιρέστε τα κορδόνια

ΟΔΗΓΙΕΣ:

a) Σε ένα μπολ του μίξερ, χρησιμοποιώντας ένα πιρούνι ή ένα σύρμα, χτυπήστε τα ασπράδια μέχρι να αφρατέψουν και οι πιο σφιχτές μάτσες από το ασπράδι να γίνουν αφρός. Ανακατέψτε τις 2 κουταλιές της σούπας άμυλο καλαμποκιού μέχρι να αναμειχθούν καλά και να μην είναι πλέον σβολιασμένες. Διπλώνουμε μέσα το κοτόπουλο και 1 κουταλιά της σούπας φυτικό λάδι και μαρινάρουμε.

b) Σε ένα μικρό μπολ, ανακατέψτε μαζί το ζωμό κοτόπουλου, το κρασί ρυζιού και το υπόλοιπο 1 κουταλάκι του γλυκού άμυλο καλαμποκιού και αλατοπιπερώστε το καθένα με μια πρέζα αλάτι και λευκό πιπέρι. Αφήνω στην άκρη.

c) Βάλτε μια μέτρια κατσαρόλα γεμάτη νερό να βράσει σε δυνατή φωτιά. Προσθέστε ½ κουταλιά της σούπας λάδι και χαμηλώστε τη φωτιά σε βράση. Χρησιμοποιώντας ένα ξαφριστή γουόκ ή τρυπητή κουτάλα για να στραγγίξει η μαρινάδα, μεταφέρετε το κοτόπουλο σε βραστό νερό. Ανακατέψτε το κοτόπουλο για να μην κολλήσουν τα κομμάτια μεταξύ τους. Μαγειρέψτε για 40 με 50 δευτερόλεπτα, μέχρι το κοτόπουλο να ασπρίσει εξωτερικά αλλά να μην ψηθεί. Στραγγίζουμε το κοτόπουλο σε ένα σουρωτήρι και τινάζουμε το περιττό νερό. Πετάξτε το νερό που σιγοβράζει.

d) Ζεσταίνουμε ένα γουόκ σε μέτρια προς δυνατή φωτιά μέχρι να ροδίσει μια σταγόνα νερού και να εξατμιστεί όταν έρθει σε επαφή. Ρίχνουμε τις υπόλοιπες 2 κουταλιές της σούπας λάδι και ανακατεύουμε να καλύψει τη βάση του γουόκ. Αλατοπιπερώνουμε το λάδι προσθέτοντας τις φέτες τζίντζερ και αλάτι. Αφήστε το τζίντζερ να ροδίσει στο λάδι για περίπου 30 δευτερόλεπτα, στροβιλίζοντας απαλά.

e) Προσθέστε τους βλαστούς μπαμπού και το σκόρδο και, χρησιμοποιώντας μια σπάτουλα γουόκ, αλείψτε τα με λάδι και μαγειρέψτε μέχρι να μυρίσουν, περίπου 30 δευτερόλεπτα. Προσθέστε τα μπιζέλια χιονιού και τηγανίστε τα για περίπου 2 λεπτά μέχρι να γίνει ανοιχτό πράσινο και τραγανό. Προσθέστε το κοτόπουλο στο γουόκ και ανακατέψτε το μείγμα της σάλτσας. Ανακατεύουμε να επικαλυφθεί και συνεχίζουμε το μαγείρεμα για 1 με 2 λεπτά.

f) Μεταφέρετε σε μια πιατέλα και πετάξτε το τζίντζερ. Σερβίρετε ζεστό.

49.   Κοτόπουλο και λαχανικά με σάλτσα μαύρου φασολιού

ΣΥΣΤΑΤΙΚΑ:

- 1 κουταλιά της σούπας ελαφριά σάλτσα σόγιας
- 1 κουταλάκι του γλυκού σησαμέλαιο
- 1 κουταλάκι του γλυκού άμυλο καλαμποκιού
- ¾ λίβρα μπούτια κοτόπουλου χωρίς κόκαλα, χωρίς δέρμα, κομμένα σε κομμάτια μεγέθους μπουκιάς
- 3 κουταλιές της σούπας φυτικό λάδι, χωρισμένες
- 1 καθαρισμένη φρέσκια φέτα τζίντζερ, περίπου στο μέγεθος του ενός τετάρτου
- Αλάτι kosher
- 1 μικρό κίτρινο κρεμμύδι, κομμένο σε μπουκιές
- ½ κόκκινη πιπεριά, κομμένη σε μπουκιές
- ½ κίτρινη ή πράσινη πιπεριά, κομμένη σε μπουκιές
- 3 σκελίδες σκόρδο, ψιλοκομμένες
- ⅓ φλιτζάνι σάλτσα μαύρων φασολιών ή σάλτσα μαύρων φασολιών από το κατάστημα

ΟΔΗΓΙΕΣ:

a) Σε ένα μεγάλο μπολ, ανακατέψτε την ελαφριά σόγια, το σησαμέλαιο και το καλαμποκάλευρο μαζί μέχρι να διαλυθεί το καλαμποκάλευρο. Προσθέστε το κοτόπουλο και ρίξτε το στη μαρινάδα. Αφήνουμε το κοτόπουλο στην άκρη να μαριναριστεί για 10 λεπτά.

b) Ζεσταίνουμε ένα γουόκ σε μέτρια προς δυνατή φωτιά μέχρι να ροδίσει μια σταγόνα νερού και να εξατμιστεί όταν έρθει σε επαφή. Ρίχνουμε 2 κουταλιές της σούπας φυτικό λάδι και ανακατεύουμε να καλύψει τη βάση του γουόκ. Αλατοπιπερώστε το λάδι προσθέτοντας το τζίντζερ και μια πρέζα αλάτι. Αφήστε το τζίντζερ να ροδίσει στο λάδι για περίπου 30 δευτερόλεπτα, στροβιλίζοντας απαλά.

c) Μεταφέρουμε το κοτόπουλο στο γουόκ και πετάμε τη μαρινάδα. Αφήστε τα κομμάτια να ψηθούν στο γουόκ για 2 με 3 λεπτά. Γυρίστε για να ψηθεί και από την άλλη πλευρά για άλλα 1 με 2 λεπτά. Τηγανίζουμε ανακατεύοντας και αναποδογυρίζοντας γρήγορα στο γουόκ για 1 λεπτό ακόμα. Μεταφέρετε σε ένα καθαρό μπολ.

d) Προσθέστε την υπόλοιπη 1 κουταλιά της σούπας λάδι και ρίξτε μέσα το κρεμμύδι και τις πιπεριές. Τηγανίζουμε γρήγορα για 2 έως 3 λεπτά, ανακατεύοντας και αναποδογυρίζοντας τα λαχανικά με μια σπάτουλα γουόκ μέχρι το κρεμμύδι να φαίνεται ημιδιαφανές αλλά να είναι ακόμα σφιχτό στην υφή. Προσθέστε το σκόρδο και ανακατέψτε για άλλα 30 δευτερόλεπτα.

e) Επιστρέψτε το κοτόπουλο στο γουόκ και προσθέστε τη σάλτσα μαύρου φασολιού. Ανακατεύουμε και αναποδογυρίζουμε μέχρι να καλυφθούν το κοτόπουλο και τα λαχανικά.

f) Μεταφέρετε σε μια πιατέλα, πετάξτε το τζίντζερ και σερβίρετε ζεστό.

50. Πράσινο Κοτόπουλο

ΣΥΣΤΑΤΙΚΑ:

- ¾ λίβρα μπούτια κοτόπουλου χωρίς κόκαλα, χωρίς πέτσα, κομμένα σε φέτες σε λωρίδες μεγέθους μπουκιάς
- 3 κουταλιές της σούπας κρασί από ρύζι Shaoxing, χωρισμένο
- 2 κουταλάκια του γλυκού άμυλο καλαμποκιού
- Αλάτι kosher
- κόκκινες νιφάδες πιπεριού
- 3 κουταλιές της σούπας φυτικό λάδι, χωρισμένες
- 4 καθαρισμένες φέτες φρέσκου τζίντζερ, η καθεμία περίπου στο μέγεθος ενός τετάρτου
- ¾ κιλό πράσινα φασόλια, κομμένα και κομμένα στο μισό σταυρωτά διαγώνια
- 2 κουταλιές της σούπας ελαφριά σάλτσα σόγιας
- 1 κουταλιά της σούπας καρυκευμένο ξύδι ρυζιού
- ¼ φλιτζανιού αμύγδαλα ψιλοκομμένα, καβουρδισμένα
- 2 κουταλάκια του γλυκού σησαμέλαιο

ΟΔΗΓΙΕΣ:

a) Σε ένα μπολ ανάμειξης, συνδυάστε το κοτόπουλο με 1 κουταλιά της σούπας κρασί από ρύζι, άμυλο καλαμποκιού, μια μικρή πρέζα αλάτι και μια πρέζα νιφάδες κόκκινου πιπεριού. Ανακατεύουμε να καλυφθεί ομοιόμορφα το κοτόπουλο. Μαρινάρετε για 10 λεπτά.

b) Ζεσταίνουμε ένα γουόκ σε μέτρια προς δυνατή φωτιά μέχρι να ροδίσει μια σταγόνα νερού και να εξατμιστεί όταν έρθει σε επαφή. Ρίχνουμε 2 κουταλιές της σούπας φυτικό λάδι και ανακατεύουμε να καλύψει τη βάση του γουόκ. Αλατοπιπερώστε το λάδι προσθέτοντας το τζίντζερ και μια μικρή πρέζα αλάτι. Αφήστε το τζίντζερ να ροδίσει στο λάδι για περίπου 30 δευτερόλεπτα, στροβιλίζοντας απαλά.

c) Προσθέστε το κοτόπουλο και τη μαρινάδα στο γουόκ και ανακατέψτε για 3 έως 4 λεπτά ή μέχρι το κοτόπουλο να ψηθεί ελαφρώς και να μην είναι πλέον ροζ. Μεταφέρετε σε ένα καθαρό μπολ και αφήστε το στην άκρη.

d) Προσθέστε την υπόλοιπη 1 κουταλιά της σούπας φυτικό λάδι και ανακατέψτε τα πράσινα φασόλια για 2 έως 3 λεπτά ή μέχρι να γίνουν ανοιχτό πράσινο. Επιστρέψτε το κοτόπουλο στο γουόκ και ανακατέψτε μαζί. Προσθέστε τις υπόλοιπες 2 κουταλιές της σούπας κρασί από ρύζι, ελαφριά σόγια και ξύδι. Ανακατεύουμε να ενωθούν και επικαλύπτουμε και αφήνουμε τα πράσινα φασόλια να σιγοβράσουν για άλλα 3 λεπτά ή μέχρι να μαλακώσουν τα πράσινα φασόλια. Αφαιρέστε το τζίντζερ και πετάξτε.

e) Ρίχνουμε μέσα τα αμύγδαλα και τα μεταφέρουμε σε μια πιατέλα. Περιχύνουμε με το σησαμέλαιο και σερβίρουμε ζεστό.

51. Κοτόπουλο σε σάλτσα σουσαμιού

ΣΥΣΤΑΤΙΚΑ:

● 3 μεγάλα ασπράδια αυγών
● 3 κουταλιές της σούπας άμυλο καλαμποκιού, χωρισμένο
● 1 ½ κουταλιά της σούπας ελαφριά σάλτσα σόγιας, χωρισμένη
● 1 κιλό μπούτια κοτόπουλου χωρίς κόκαλα, χωρίς δέρμα, κομμένα σε κομμάτια μεγέθους μπουκιάς
● 3 φλιτζάνια φυτικό λάδι
● 3 καθαρισμένες φέτες φρέσκου τζίντζερ, η καθεμία περίπου στο μέγεθος ενός τετάρτου
● Αλάτι kosher
● κόκκινες νιφάδες πιπεριού
● 3 σκελίδες σκόρδο, χοντροκομμένες
● ¼ φλιτζάνι ζωμός κοτόπουλου με χαμηλή περιεκτικότητα σε νάτριο
● 2 κουταλιές της σούπας σησαμέλαιο
● 2 κρεμμύδια κομμένα σε λεπτές φέτες για το γαρνίρισμα
● 1 κουταλιά της σούπας σουσάμι, για γαρνίρισμα

ΟΔΗΓΙΕΣ:

a) Σε ένα μπολ του μίξερ, χρησιμοποιώντας ένα πιρούνι ή ένα σύρμα, χτυπήστε τα ασπράδια μέχρι να αφρατέψουν και οι πιο σφιχτές μάτσες από το ασπράδι να γίνουν αφρός. Ανακατέψτε μαζί 2 κουταλιές της σούπας άμυλο καλαμποκιού και 2 κουταλάκια του γλυκού ελαφριά σόγια μέχρι να αναμειχθούν καλά. Διπλώνουμε το κοτόπουλο και το μαρινάρουμε για 10 λεπτά.

b) Ρίξτε το λάδι στο γουόκ. το λάδι πρέπει να είναι περίπου 1 έως 1 ½ ίντσα βάθος. Φέρτε το λάδι στους 375°F σε μέτρια προς δυνατή φωτιά. Μπορείτε να καταλάβετε ότι το λάδι είναι στη σωστή θερμοκρασία όταν βυθίσετε την άκρη μιας ξύλινης κουτάλας στο λάδι. Εάν το λάδι βγάζει φυσαλίδες και τσιτσιρίζει γύρω του, το λάδι είναι έτοιμο.

c) Χρησιμοποιώντας μια τρυπητή κουτάλα ή ξαφριστή γουόκ, βγάζετε το κοτόπουλο από τη μαρινάδα και τινάζετε την περίσσεια. Χαμηλώνουμε προσεκτικά στο καυτό λάδι. Τηγανίζουμε το κοτόπουλο σε παρτίδες για 3 έως 4 λεπτά ή μέχρι το κοτόπουλο να ροδίσει και να γίνει τραγανό στην επιφάνεια. Μεταφέρετε σε πιάτο στρωμένο με χαρτί κουζίνας.

d) Ρίξτε όλο εκτός από 1 κουταλιά της σούπας λάδι από το γουόκ και βάλτε το σε μέτρια προς δυνατή φωτιά. Ανακινήστε το λάδι για να καλύψετε τη βάση του γουόκ. Αλατοπιπερώνετε το λάδι προσθέτοντας το τζίντζερ και μια πρέζα αλάτι και νιφάδες κόκκινου πιπεριού. Αφήστε τις νιφάδες τζίντζερ και πιπεριάς να τσιγαριστούν στο λάδι για περίπου 30 δευτερόλεπτα, στροβιλίζοντας απαλά.

e) Προσθέστε το σκόρδο και τηγανίστε, ανακατεύοντας και αναποδογυρίζοντας με μια σπάτουλα γουόκ για 30 δευτερόλεπτα. Προσθέστε το ζωμό κοτόπουλου, τα υπόλοιπα 2½ κουταλάκια του γλυκού ελαφριά σόγια και την υπόλοιπη 1 κουταλιά της σούπας άμυλο καλαμποκιού. Σιγοβράζουμε για 4 με 5 λεπτά, μέχρι να δέσει η σάλτσα και να γίνει γυαλιστερή. Προσθέστε το σησαμέλαιο και ανακατέψτε να ενωθούν.

f) Σβήνουμε τη φωτιά και προσθέτουμε το τηγανητό κοτόπουλο, περιχύνοντας με τη σάλτσα. Αφαιρέστε το τζίντζερ και πετάξτε. Μεταφέρετε σε πιατέλα και γαρνίρετε με το κρεμμύδι σε φέτες και το σουσάμι.

52. Γλυκόξινο κοτόπουλο

ΣΥΣΤΑΤΙΚΑ:

● 2 κουταλάκια του γλυκού άμυλο καλαμποκιού και 2 κουταλιές της σούπας νερό

● 3 κουταλιές της σούπας φυτικό λάδι, χωρισμένες

● 4 καθαρισμένες φέτες φρέσκου τζίντζερ

● ¾ λίβρα μπούτια κοτόπουλου χωρίς κόκαλα, χωρίς δέρμα, κομμένα σε μέγεθος μπουκιάς

● ½ κόκκινη πιπεριά, κομμένη σε κομμάτια ½ ίντσας

● ½ πράσινη πιπεριά, κομμένη σε κομμάτια ½ ίντσας

● ½ κίτρινο κρεμμύδι, κομμένο σε κομμάτια ½ ίντσας

● 1 κονσέρβα (8 ουγγιές) σε κομμάτια ανανά, στραγγισμένο, χυμοί σε κράτηση

● 1 (4 ουγγιές) κουτί νεροκάστανα κομμένα σε φέτες, στραγγισμένα

● ¼ φλιτζάνι ζωμός κοτόπουλου με χαμηλή περιεκτικότητα σε νάτριο

● 2 κουταλιές της σούπας καστανή ζάχαρη

● 2 κουταλιές της σούπας μηλόξυδο

● 2 κουταλιές της σούπας κέτσαπ

● 1 κουταλάκι του γλυκού σάλτσα Worcestershire

● 3 κρεμμύδια κομμένα σε λεπτές φέτες για το γαρνίρισμα

ΟΔΗΓΙΕΣ:

a) Σε ένα μικρό μπολ, ανακατέψτε το κορν άμυλο και το νερό και αφήστε το στην άκρη.

b) Ζεσταίνουμε ένα γουόκ σε μέτρια προς δυνατή φωτιά μέχρι να ροδίσει μια σταγόνα νερού και να εξατμιστεί όταν έρθει σε επαφή. Ρίχνουμε 2 κουταλιές της σούπας λάδι και ανακατεύουμε να καλύψει τη βάση του γουόκ. Αλατοπιπερώστε το λάδι προσθέτοντας το τζίντζερ και μια πρέζα αλάτι. Αφήστε το τζίντζερ να ροδίσει στο λάδι για περίπου 30 δευτερόλεπτα, στροβιλίζοντας απαλά.

c) Προσθέστε το κοτόπουλο και σοτάρετε πάνω στο γουόκ για 2 με 3 λεπτά. Γυρίστε και ρίξτε το κοτόπουλο, τηγανίζοντας για περίπου 1 λεπτό ακόμη ή μέχρι να μην είναι πλέον ροζ. Μεταφέρουμε σε ένα μπολ και αφήνουμε στην άκρη.

d) Προσθέστε την υπόλοιπη 1 κουταλιά της σούπας λάδι και ανακατέψτε για να καλυφθεί. Τηγανίζουμε τις κόκκινες και πράσινες πιπεριές και το κρεμμύδι για 3 έως 4 λεπτά, μέχρι να μαλακώσουν και να γίνουν διάφανα. Προσθέτουμε τον ανανά και τα νεροκάστανα και συνεχίζουμε το σοτάρισμα για άλλο ένα λεπτό. Προσθέστε τα λαχανικά στο κοτόπουλο και αφήστε το στην άκρη.

e) Ρίξτε τον κρατημένο χυμό ανανά, το ζωμό κοτόπουλου, την καστανή ζάχαρη, το ξύδι, το κέτσαπ και τη σάλτσα Worcestershire στο γουόκ και αφήστε τα να βράσουν. Διατηρήστε τη φωτιά σε μέτρια προς δυνατή και μαγειρέψτε για περίπου 4 λεπτά, μέχρι να μειωθούν τα υγρά στο μισό.

f) Επιστρέψτε το κοτόπουλο και τα λαχανικά στο γουόκ και ρίξτε τα να ενωθούν με τη σάλτσα. Ανακατέψτε γρήγορα το μείγμα αραβοσίτου-νερού και προσθέστε το στο γουόκ. Ανακατέψτε και αναποδογυρίστε τα πάντα γύρω-γύρω μέχρι το καλαμποκάλευρο να αρχίσει να πήζει τη σάλτσα και να γίνεται γυαλιστερή.

g) Πετάξτε το τζίντζερ, μεταφέρετε σε πιατέλα, γαρνίρετε με το κρεμμύδι και σερβίρετε ζεστό.

53. Moo Goo Gai Pan

ΣΥΣΤΑΤΙΚΑ:

● 1 κουταλιά της σούπας ελαφριά σάλτσα σόγιας

● 1 κουταλιά της σούπας κρασί από ρύζι Shaoxing

● 2 κουταλάκια του γλυκού σησαμέλαιο

● ¾ κιλό στήθη κοτόπουλου χωρίς κόκαλα, χωρίς δέρμα, κομμένα σε φέτες

● ½ φλιτζάνι ζωμός κοτόπουλου με χαμηλή περιεκτικότητα σε νάτριο

● 2 κουταλιές της σούπας σάλτσα στρειδιών

● 1 κουταλάκι του γλυκού ζάχαρη

● 1 κουταλιά της σούπας άμυλο καλαμποκιού

● 3 κουταλιές της σούπας φυτικό λάδι, χωρισμένες

● 4 καθαρισμένες φέτες φρέσκου τζίντζερ

● 4 ουγγιές φρέσκα μανιτάρια κουμπιού, κομμένα σε λεπτές φέτες

● 1 (4 ουγγιές) κουτί κομμένο σε φέτες βλαστούς μπαμπού, στραγγισμένο

● 1 (4 ουγγιές) κουτί νεροκάστανα κομμένα σε φέτες, στραγγισμένα

● 1 σκελίδα σκόρδο, ψιλοκομμένη

ΟΔΗΓΙΕΣ:

a) Σε ένα μεγάλο μπολ, χτυπήστε ελαφρά μαζί την ελαφριά σόγια, το κρασί ρυζιού και το σησαμέλαιο μέχρι να ομογενοποιηθούν. Προσθέστε το κοτόπουλο και ανακατέψτε. Μαρινάρετε για 15 λεπτά.

b) Σε ένα μικρό μπολ, χτυπήστε μαζί το ζωμό κοτόπουλου, τη σάλτσα στρειδιών, τη ζάχαρη και το άμυλο καλαμποκιού μέχρι να ομογενοποιηθούν και αφήστε το στην άκρη.

c) Ζεσταίνουμε ένα γουόκ σε μέτρια προς δυνατή φωτιά μέχρι να ροδίσει μια σταγόνα νερού και να εξατμιστεί όταν έρθει σε επαφή. Ρίχνουμε 2 κουταλιές της σούπας φυτικό λάδι και ανακατεύουμε να καλύψει τη βάση του γουόκ. Αλατοπιπερώστε το λάδι προσθέτοντας το τζίντζερ και μια μικρή πρέζα αλάτι. Αφήστε το τζίντζερ να ροδίσει στο λάδι για περίπου 30 δευτερόλεπτα, στροβιλίζοντας απαλά.

d) Προσθέτουμε το κοτόπουλο και πετάμε τη μαρινάδα. Τηγανίζουμε για 2 έως 3 λεπτά, μέχρι το κοτόπουλο να μην είναι πλέον ροζ. Μεταφέρετε σε ένα καθαρό μπολ και αφήστε το στην άκρη.

e) Προσθέστε την υπόλοιπη 1 κουταλιά της σούπας φυτικό λάδι. Τηγανίζουμε τα μανιτάρια για 3 έως 4 λεπτά, ανακατεύοντας και αναποδογυρίζοντας γρήγορα. Μόλις τα μανιτάρια στεγνώσουν, σταματήστε το τηγάνισμα και αφήστε τα μανιτάρια να καθίσουν πάνω στο ζεστό γουόκ για περίπου ένα λεπτό.

f) Προσθέστε τους βλαστούς μπαμπού, τα νεροκάστανα και το σκόρδο. Τηγανίζουμε για 1 λεπτό ή μέχρι να μυρίσει το σκόρδο. Επιστρέψτε το κοτόπουλο στο γουόκ και ρίξτε το να ενωθεί.

g) Ανακατεύουμε τη σάλτσα και προσθέτουμε στο γουόκ. Τηγανίζουμε και μαγειρεύουμε μέχρι να αρχίσει να βράζει η σάλτσα, περίπου 45 δευτερόλεπτα. Συνεχίστε να το ανακατεύετε μέχρι να πήξει η σάλτσα και να γίνει γυαλιστερή. Αφαιρέστε το τζίντζερ και πετάξτε.

54. Egg Foo Yong

ΣΥΣΤΑΤΙΚΑ:

- 5 μεγάλα αυγά, σε θερμοκρασία δωματίου
- Αλάτι kosher
- Αλεσμένο λευκό πιπέρι
- ½ φλιτζάνι καπάκια μανιταριών shiitake κομμένα σε λεπτές φέτες
- ½ φλιτζάνι μπιζέλια κατεψυγμένα, αποψυγμένα
- 2 κρεμμύδια, ψιλοκομμένα
- 2 κουταλάκια του γλυκού σησαμέλαιο
- ½ φλιτζάνι ζωμός κοτόπουλου με χαμηλή περιεκτικότητα σε νάτριο
- 1 ½ κουταλιά της σούπας σάλτσα στρειδιών
- 1 κουταλιά της σούπας κρασί από ρύζι Shaoxing
- ½ κουταλάκι του γλυκού ζάχαρη
- 2 κουταλιές της σούπας ελαφριά σάλτσα σόγιας
- 1 κουταλιά της σούπας άμυλο καλαμποκιού
- 3 κουταλιές της σούπας φυτικό λάδι
- Μαγειρεμένο ρύζι, για το σερβίρισμα

ΟΔΗΓΙΕΣ:

a) Σε ένα μεγάλο μπολ, χτυπήστε τα αυγά με μια πρέζα αλάτι και άσπρο πιπέρι. Προσθέστε τα μανιτάρια, τον αρακά, το κρεμμύδι και το σησαμέλαιο. Αφήνω στην άκρη.

b) Φτιάξτε τη σάλτσα σιγοβράζοντας το ζωμό κοτόπουλου, τη σάλτσα στρειδιών, το κρασί ρυζιού και τη ζάχαρη σε μια μικρή κατσαρόλα σε μέτρια φωτιά. Σε ένα μικρό γυάλινο μεζούρα, χτυπήστε ελαφρά τη σόγια και το καλαμποκάλευρο μέχρι να διαλυθεί τελείως το άμυλο καλαμποκιού. Ρίξτε το μείγμα με το άμυλο καλαμποκιού στη σάλτσα ανακατεύοντας συνεχώς και μαγειρέψτε για 3 με 4 λεπτά, μέχρι η σάλτσα να γίνει αρκετά πηχτή ώστε να καλύψει το πίσω μέρος του κουταλιού. Σκεπάζουμε και αφήνουμε στην άκρη.

c) Ζεσταίνουμε ένα γουόκ σε μέτρια προς δυνατή φωτιά μέχρι να ροδίσει μια σταγόνα νερού και να εξατμιστεί όταν έρθει σε επαφή. Ρίξτε το φυτικό λάδι και ανακατέψτε για να καλύψει τη βάση του γουόκ. Προσθέστε το μείγμα των αυγών και μαγειρέψτε, ανακατεύοντας και ανακινώντας το γουόκ μέχρι να ροδίσει η κάτω πλευρά. Σύρετε την ομελέτα από το τηγάνι σε ένα πιάτο και αναποδογυρίστε το γουόκ ή αναποδογυρίστε με μια σπάτουλα για να ψηθεί και η άλλη πλευρά μέχρι να ροδίσει. Σύρετε την ομελέτα σε μια πιατέλα και σερβίρετε πάνω από βρασμένο ρύζι με μια κουταλιά σάλτσα.

55.   Αυγό ντομάτας Stir-Fry

ΣΥΣΤΑΤΙΚΑ:

- 4 μεγάλα αυγά, σε θερμοκρασία δωματίου
- 1 κουταλάκι του γλυκού κρασί από ρύζι Shaoxing
- ½ κουταλάκι του γλυκού σησαμέλαιο
- ½ κουταλάκι του γλυκού αλάτι kosher
- Φρεσκοτριμμένο μαύρο πιπέρι
- 3 κουταλιές της σούπας φυτικό λάδι, χωρισμένες
- 2 καθαρισμένες φέτες φρέσκου τζίντζερ, η καθεμία περίπου στο μέγεθος ενός τετάρτου
- 1 κιλό σταφύλι ή ντοματίνια
- 1 κουταλάκι του γλυκού ζάχαρη
- Μαγειρεμένο ρύζι ή χυλοπίτες, για το σερβίρισμα

ΟΔΗΓΙΕΣ:

a) Σε ένα μεγάλο μπολ χτυπάμε τα αυγά. Προσθέστε το κρασί ρυζιού, το σησαμέλαιο, το αλάτι και μια πρέζα πιπέρι και συνεχίστε το χτύπημα μέχρι να ομογενοποιηθούν.

b) Ζεσταίνουμε ένα γουόκ σε μέτρια προς δυνατή φωτιά μέχρι να ροδίσει μια σταγόνα νερού και να εξατμιστεί όταν έρθει σε επαφή. Ρίχνουμε 2 κουταλιές της σούπας φυτικό λάδι και ανακατεύουμε να καλύψει τη βάση του γουόκ. Ανακατέψτε το μείγμα των αυγών στο ζεστό γουόκ. Ανακατέψτε και ανακινήστε τα αυγά να ψηθούν. Μεταφέρετε τα αυγά σε πιατέλα σερβιρίσματος μόλις ψηθούν αλλά όχι στεγνά. Σκηνή με αλουμινόχαρτο για να διατηρείται ζεστή.

c) Προσθέστε την υπόλοιπη 1 κουταλιά της σούπας φυτικό λάδι στο γουόκ. Αλατοπιπερώστε το λάδι προσθέτοντας το τζίντζερ και μια πρέζα αλάτι. Αφήστε το τζίντζερ να ροδίσει στο λάδι για περίπου 30 δευτερόλεπτα, στροβιλίζοντας απαλά.

d) Ρίχνουμε τις ντομάτες και τη ζάχαρη, ανακατεύοντας να πασπαλίσουν με το λάδι. Σκεπάζουμε και μαγειρεύουμε για περίπου 5 λεπτά, ανακατεύοντας κατά διαστήματα, μέχρι να μαλακώσουν οι ντομάτες και να βγάλουν τους χυμούς τους. Πετάξτε τις φέτες τζίντζερ και αλατοπιπερώστε τις ντομάτες.

e) Ρίχνουμε με κουτάλι τις ντομάτες πάνω από τα αυγά και σερβίρουμε πάνω από μαγειρεμένο ρύζι ή ζυμαρικά.

56.   Γαρίδες και ομελέτα

ΣΥΣΤΑΤΙΚΑ:

- 2 κουταλιές της σούπας αλάτι kosher, συν περισσότερο για καρύκευμα
- 2 κουταλιές της σούπας ζάχαρη
- 2 φλιτζάνια κρύο νερό
- 6 ουγγιές μέτριες γαρίδες (U41–50), ξεφλουδισμένες και αποφλοιωμένες
- 4 μεγάλα αυγά, σε θερμοκρασία δωματίου
- ½ κουταλάκι του γλυκού σησαμέλαιο
- Φρεσκοτριμμένο μαύρο πιπέρι
- 2 κουταλιές της σούπας φυτικό λάδι, χωρισμένες
- 2 καθαρισμένες φέτες φρέσκου τζίντζερ, η καθεμία περίπου στο μέγεθος ενός τετάρτου
- 2 σκελίδες σκόρδο, κομμένες σε λεπτές φέτες
- 1 ματσάκι σχοινόπρασο, κομμένο σε κομμάτια ½ ίντσας

ΟΔΗΓΙΕΣ:

a) Σε ένα μεγάλο μπολ, χτυπήστε το αλάτι και τη ζάχαρη στο νερό μέχρι να διαλυθούν. Προσθέστε τις γαρίδες στην άλμη. Σκεπάζουμε και βάζουμε στο ψυγείο για 10 λεπτά.

b) Στραγγίζουμε τις γαρίδες σε ένα σουρωτήρι και τις ξεπλένουμε. Πετάξτε την άλμη. Απλώστε τις γαρίδες σε ένα ταψί στρωμένο με χαρτί κουζίνας και στεγνώστε τις.

c) Σε ένα άλλο μεγάλο μπολ, χτυπήστε τα αυγά με το σησαμέλαιο και μια πρέζα αλάτι και πιπέρι μέχρι να ενωθούν. Αφήνω στην άκρη.

d) Ζεσταίνουμε ένα γουόκ σε μέτρια προς δυνατή φωτιά μέχρι να ροδίσει μια σταγόνα νερού και να εξατμιστεί όταν έρθει σε επαφή. Ρίξτε 1 κουταλιά της σούπας φυτικό λάδι και ανακατέψτε για να καλύψει τη βάση του γουόκ. Αλατοπιπερώστε το λάδι προσθέτοντας το τζίντζερ και μια πρέζα αλάτι. Αφήστε το τζίντζερ να ροδίσει στο λάδι για περίπου 30 δευτερόλεπτα, στροβιλίζοντας απαλά.

e) Προσθέστε το σκόρδο και τσιγαρίστε για λίγο για να αρωματιστεί το λάδι, περίπου 10 δευτερόλεπτα. Μην αφήνετε το σκόρδο να μαυρίσει ή να καεί. Προσθέτουμε τις γαρίδες και τις τηγανίζουμε για περίπου 2 λεπτά, μέχρι να πάρουν ροζ χρώμα. Μεταφέρουμε σε ένα πιάτο και πετάμε το τζίντζερ.

f) Επιστρέψτε το γουόκ στη φωτιά και προσθέστε την υπόλοιπη 1 κουταλιά της σούπας φυτικό λάδι. Όταν το λάδι είναι ζεστό, ανακινήστε το μείγμα των αυγών στο γουόκ. Ανακατέψτε και ανακινήστε τα αυγά να ψηθούν. Προσθέστε το σχοινόπρασο στο τηγάνι και συνεχίστε το μαγείρεμα μέχρι να ψηθούν τα αυγά αλλά να μην στεγνώσουν. Επιστρέψτε τις γαρίδες στο τηγάνι και ανακατέψτε να ενωθούν. Μεταφέρετε σε πιατέλα σερβιρίσματος.

57. Αλμυρή κρέμα αυγών στον ατμό

ΣΥΣΤΑΤΙΚΑ:

- 4 μεγάλα αυγά, σε θερμοκρασία δωματίου
- 1¾ φλιτζάνι ζωμός κοτόπουλου με χαμηλή περιεκτικότητα σε νάτριο ή φιλτραρισμένο νερό
- 2 κουταλάκια του γλυκού κρασί από ρύζι Shaoxing
- ½ κουταλάκι του γλυκού αλάτι kosher
- 2 κρεμμύδια, μόνο το πράσινο μέρος, κομμένα σε λεπτές φέτες
- 4 κουταλάκια του γλυκού σησαμέλαιο

ΟΔΗΓΙΕΣ:

a) Σε ένα μεγάλο μπολ χτυπάμε τα αυγά. Προσθέτουμε το ζωμό και το κρασί ρυζιού και χτυπάμε να ενωθούν. Στραγγίστε το μείγμα των αυγών μέσα από ένα κόσκινο με λεπτό πλέγμα που έχει τοποθετηθεί πάνω από ένα κύπελλο μέτρησης υγρού για να αφαιρέσετε τις φυσαλίδες αέρα. Ρίξτε το μείγμα των αυγών σε 4 (6 ουγκιές) ραμεκίν. Με ένα μαχαίρι καθαρίστε τυχόν φυσαλίδες στην επιφάνεια του μείγματος των αυγών. Σκεπάζουμε τα ραμεκίν με αλουμινόχαρτο.

b) Ξεπλύνετε ένα καλάθι ατμού από μπαμπού και το καπάκι του κάτω από κρύο νερό και τοποθετήστε το στο γουόκ. Ρίξτε 2 ίντσες νερό ή μέχρι να φτάσει πάνω από το κάτω χείλος του ατμομάγειρα κατά ¼ έως ½ ίντσα, αλλά όχι τόσο πολύ ώστε να αγγίζει το κάτω μέρος του καλαθιού. Τοποθετήστε τα ραμεκίν στο καλάθι του ατμομάγειρα. Καλύψτε με το καπάκι.

c) Φέρτε το νερό σε βράση και στη συνέχεια χαμηλώστε τη φωτιά σε χαμηλή φωτιά. Βράζετε στον ατμό σε χαμηλή φωτιά για περίπου 10 λεπτά ή μέχρι να δέσουν τα αυγά.

d) Αφαιρέστε προσεκτικά τα ραμεκίν από τον ατμομάγειρα και γαρνίρετε κάθε κρέμα με λίγο κρεμμύδι και μερικές σταγόνες σησαμέλαιο. Σερβίρετε αμέσως.

58.   Κινεζικές τηγανητές φτερούγες κοτόπουλου σε πακέτο

ΣΥΣΤΑΤΙΚΑ:

● 10 ολόκληρες φτερούγες κοτόπουλου, πλυμένες και στεγνές
● ⅛ κουταλάκι του γλυκού μαύρο πιπέρι
● ¼ κουταλάκι του γλυκού λευκό πιπέρι
● ¼ κουταλάκι του γλυκού σκόνη σκόρδου
● 1 κουταλάκι του γλυκού αλάτι
● ½ κουταλάκι του γλυκού ζάχαρη
● 1 κουταλιά της σούπας σάλτσα σόγιας
● 1 κουταλιά της σούπας κρασί Shaoxing
● 1 κουταλάκι του γλυκού σησαμέλαιο
● 1 αυγό
● 1 κουταλιά της σούπας άμυλο καλαμποκιού
● 2 κουταλιές της σούπας αλεύρι
● λάδι, για τηγάνισμα

ΟΔΗΓΙΕΣ:

a) Ανακατεύουμε όλα τα υλικά (εκτός φυσικά από το τηγανέλαιο) σε ένα μεγάλο μπολ. Ανακατέψτε τα πάντα μέχρι να καλυφθούν καλά τα φτερά.

b) Αφήστε τα φτερά να μαριναριστούν για 2 ώρες σε θερμοκρασία δωματίου ή στο ψυγείο όλη τη νύχτα για καλύτερα αποτελέσματα.

c) Μετά το μαρινάρισμα, αν φαίνεται ότι υπάρχουν υγρά στα φτερά, φροντίστε να τα ανακατέψετε ξανά καλά. Τα φτερά πρέπει να είναι καλά επικαλυμμένα με μια λεπτή επίστρωση που μοιάζει με κουρκούτι. Αν εξακολουθεί να φαίνεται πολύ νερουλό, προσθέστε λίγο ακόμα άμυλο καλαμποκιού και αλεύρι.

d) Γεμίστε μια μεσαία κατσαρόλα περίπου ⅔ προς τα πάνω με λάδι και θερμαίνετε τη στους 325 βαθμούς F.

e) Τηγανίζουμε τα φτερά σε μικρές παρτίδες για 5 λεπτά και τα βγάζουμε σε λαμαρίνα στρωμένη με απορροφητικό χαρτί. Αφού τηγανιστούν όλα τα φτερά, τα επιστρέφουμε σε παρτίδες στο λάδι και τα τηγανίζουμε ξανά για 3 λεπτά.

f) Στραγγίζουμε σε απορροφητικό χαρτί ή σε σχάρα ψύξης και σερβίρουμε με καυτερή σάλτσα!

59. Ταϊλανδικό κοτόπουλο βασιλικού

ΣΕΡΒΙΖΕΙ 4
ΣΥΣΤΑΤΙΚΑ:

- 3 με 4 κουταλιές της σούπας λάδι
- 3 Ταϊλανδέζικα τσίλι ή ολλανδικά τσίλι
- 3 ασκαλώνια, κομμένα σε λεπτές φέτες
- 5 σκελίδες σκόρδο, κομμένες σε φέτες
- 1 κιλό κιμά κοτόπουλο
- 2 κουταλάκια του γλυκού ζάχαρη ή μέλι
- 2 κουταλιές της σούπας σάλτσα σόγιας
- 1 κουταλιά της σούπας σάλτσα ψαριού
- ⅓ φλιτζάνι ζωμό κότας με χαμηλή περιεκτικότητα σε νάτριο ή νερό
- 1 ματσάκι φύλλα ιερού βασιλικού ή ταϊλανδέζικου βασιλικού

ΟΔΗΓΙΕΣ:

a) Σε ένα γουόκ σε δυνατή φωτιά, προσθέτουμε το λάδι, τα τσίλι, τα ασκαλώνια και το σκόρδο και τσιγαρίζουμε για 1-2 λεπτά.

b) Προσθέστε το κιμά κοτόπουλου και ανακατέψτε για 2 λεπτά, κόβοντας το κοτόπουλο σε μικρά κομμάτια.

c) Προσθέστε τη ζάχαρη, τη σάλτσα σόγιας και τη σάλτσα ψαριού. Τηγανίζουμε για άλλο ένα λεπτό και ξεφλουδίζουμε το τηγάνι με το ζωμό. Επειδή το τηγάνι σας είναι σε δυνατή φωτιά, το υγρό πρέπει να ψηθεί πολύ γρήγορα.

d) Προσθέστε τον βασιλικό και ανακατέψτε μέχρι να μαραθεί.

e) Σερβίρουμε πάνω από ρύζι.

60. Κοκκινιστή χοιρινή κοιλιά

ΣΥΣΤΑΤΙΚΑ:

● 3/4 κιλά άπαχη χοιρινή κοιλιά, με το δέρμα
● 2 κουταλιές της σούπας λάδι
● 1 κουταλιά της σούπας ζάχαρη (προτιμάται η πέτρινη ζάχαρη αν έχετε)
● 3 κουταλιές της σούπας κρασί Shaoxing
● 1 κουταλιά της σούπας κανονική σάλτσα σόγιας
● ½ κουταλιά της σούπας σάλτσα μαύρης σόγιας
● 2 φλιτζάνια νερό

ΟΔΗΓΙΕΣ:

a) Ξεκινήστε κόβοντας τη χοιρινή σας κοιλιά σε κομμάτια πάχους ¾ ιντσών.

b) Φέρτε μια κατσαρόλα με νερό να βράσει. Ζεματίστε τα κομμάτια της κοιλιάς του χοιρινού για μερικά λεπτά. Αυτό απομακρύνει τις ακαθαρσίες και ξεκινά τη διαδικασία μαγειρέματος. Βγάζετε το χοιρινό από την κατσαρόλα, το ξεπλένετε και το αφήνετε στην άκρη.

c) Σε χαμηλή φωτιά, προσθέστε το λάδι και τη ζάχαρη στο γουόκ σας. Λιώνουμε ελαφρά τη ζάχαρη και προσθέτουμε το χοιρινό. Ανεβάζουμε τη φωτιά σε μέτρια και μαγειρεύουμε μέχρι να ροδίσει ελαφρά το χοιρινό.

d) Χαμηλώστε ξανά τη φωτιά στο χαμηλό και προσθέστε κρασί μαγειρέματος Shaoxing, κανονική σάλτσα σόγιας, σάλτσα μαύρης σόγιας και νερό.

e) Σκεπάζουμε και σιγοβράζουμε για περίπου 45 λεπτά έως 1 ώρα μέχρι να μαλακώσει το χοιρινό. Κάθε 5-10 λεπτά, ανακατεύετε για να μην καεί και προσθέτετε περισσότερο νερό αν στεγνώσει πολύ.

f) Μόλις μαλακώσει το χοιρινό, αν υπάρχει ακόμα πολύ ορατό υγρό, ξεσκεπάζετε το γουόκ, δυναμώνετε τη φωτιά και ανακατεύετε συνεχώς μέχρι η σάλτσα να γίνει μια αστραφτερή επικάλυψη.

61. Stir-Fry ντομάτα και μοσχαρίσιο κρέας

ΣΥΣΤΑΤΙΚΑ:

- ¾ λίβρα μπριζόλα ή μπριζόλα φούστα, κομμένη σε φέτες πάχους ¼ ίντσας
- 1 ½ κουταλιά της σούπας άμυλο καλαμποκιού, χωρισμένο
- 1 κουταλιά της σούπας κρασί από ρύζι Shaoxing
- Αλάτι kosher
- Αλεσμένο λευκό πιπέρι
- 1 κουταλιά της σούπας πελτέ ντομάτας
- 2 κουταλιές της σούπας ελαφριά σάλτσα σόγιας
- 1 κουταλάκι του γλυκού σησαμέλαιο
- 1 κουταλάκι του γλυκού ζάχαρη
- 2 κουταλιές της σούπας νερό
- 2 κουταλιές της σούπας φυτικό λάδι
- 4 καθαρισμένες φέτες φρέσκου τζίντζερ, η καθεμία περίπου στο μέγεθος ενός τετάρτου
- 1 μεγάλο ασκαλώνιο, κομμένο σε λεπτές φέτες
- 2 σκελίδες σκόρδο, ψιλοκομμένες
- 5 μεγάλες ντομάτες, η καθεμία κομμένη σε 6 φέτες
- 2 κρεμμύδια, λευκά και πράσινα μέρη χωρισμένα, κομμένα σε λεπτές φέτες

ΟΔΗΓΙΕΣ:

a) Σε ένα μικρό μπολ, ανακατέψτε το βόειο κρέας με 1 κουταλιά της σούπας άμυλο καλαμποκιού, κρασί από ρύζι και μια μικρή πρέζα αλάτι και λευκό πιπέρι. Αφήστε στην άκρη για 10 λεπτά.

b) Σε ένα άλλο μικρό μπολ, ανακατέψτε μαζί την υπόλοιπη ½ κουταλιά της σούπας άμυλο καλαμποκιού, τον πελτέ ντομάτας, τη σόγια ελαφριά, το σησαμέλαιο, τη ζάχαρη και το νερό. Αφήνω στην άκρη.

c) Ζεσταίνουμε ένα γουόκ σε μέτρια προς δυνατή φωτιά μέχρι να ροδίσει μια σταγόνα νερού και να εξατμιστεί όταν έρθει σε επαφή. Ρίξτε το φυτικό λάδι και ανακατέψτε για να καλύψει τη βάση του γουόκ. Αλατοπιπερώστε το λάδι προσθέτοντας το τζίντζερ και μια πρέζα αλάτι. Αφήστε το τζίντζερ να ροδίσει στο λάδι για περίπου 30 δευτερόλεπτα, στροβιλίζοντας απαλά.

d) Μεταφέρετε το βόειο κρέας στο γουόκ και τηγανίζετε για 3 έως 4 λεπτά, μέχρι να μην είναι πλέον ροζ. Προσθέστε το κρεμμύδι και το σκόρδο και ανακατέψτε για 1 λεπτό. Προσθέτουμε τις ντομάτες και τα ασπράδια του κρεμμυδιού και συνεχίζουμε το σοτάρισμα.

e) Ανακατέψτε τη σάλτσα και συνεχίστε το ανακατεύοντας-τηγάνισμα για 1 έως 2 λεπτά ή μέχρι να επικαλυφθούν το βοδινό κρέας και οι ντομάτες και να πήξει ελαφρώς η σάλτσα.

f) Πετάξτε το τζίντζερ, μεταφέρετε σε μια πιατέλα και γαρνίρετε με τα χόρτα του κρεμμυδιού. Σερβίρετε ζεστό.

62. Μοσχάρι και μπρόκολο

ΣΥΣΤΑΤΙΚΑ:

● ¾ λίβρα μπριζόλα φούστας, κόψτε το σιτάρι σε φέτες πάχους ¼ ίντσας
● 1 κουταλιά της σούπας μαγειρική σόδα
● 1 κουταλιά της σούπας άμυλο καλαμποκιού
● 4 κουταλιές της σούπας νερό, χωρισμένες
● 2 κουταλιές της σούπας σάλτσα στρειδιών
● 2 κουταλιές της σούπας κρασί από ρύζι Shaoxing
● 2 κουταλάκια του γλυκού καστανή ζάχαρη
● 1 κουταλιά της σούπας σάλτσα hoisin
● 2 κουταλιές της σούπας φυτικό λάδι
● 4 καθαρισμένες φέτες φρέσκου τζίντζερ, περίπου στο μέγεθος του ενός τετάρτου
● Αλάτι kosher
● 1 κιλό μπρόκολο, κομμένο σε μπουκίτσες μπουκιές
● 2 σκελίδες σκόρδο, ψιλοκομμένες

ΟΔΗΓΙΕΣ:

a) Σε ένα μικρό μπολ, ανακατέψτε το βόειο κρέας και τη μαγειρική σόδα για να καλυφθούν. Αφήστε στην άκρη για 10 λεπτά. Ξεπλύνετε πολύ καλά το βόειο κρέας και στη συνέχεια στεγνώστε το με χαρτί κουζίνας.

b) Σε ένα άλλο μικρό μπολ, ανακατέψτε το καλαμποκάλευρο με 2 κουταλιές της σούπας νερό και ανακατέψτε τη σάλτσα στρειδιών, το κρασί ρυζιού, την καστανή ζάχαρη και τη σάλτσα hoisin. Αφήνω στην άκρη.

c) Ζεσταίνουμε ένα γουόκ σε μέτρια προς δυνατή φωτιά μέχρι να ροδίσει μια σταγόνα νερού και να εξατμιστεί όταν έρθει σε επαφή. Ρίχνουμε το λάδι και ανακατεύουμε να καλύψει τη βάση του γουόκ. Αλατοπιπερώστε το λάδι προσθέτοντας το τζίντζερ και μια πρέζα αλάτι. Αφήστε το τζίντζερ να ροδίσει στο λάδι για περίπου 30 δευτερόλεπτα, στροβιλίζοντας απαλά. Προσθέστε το βόειο κρέας στο γουόκ και ανακατέψτε για 3 έως 4 λεπτά, μέχρι να μην είναι πλέον ροζ. Μεταφέρετε το μοσχάρι σε ένα μπολ και το αφήνετε στην άκρη.

d) Προσθέστε το μπρόκολο και το σκόρδο και ανακατέψτε για 1 λεπτό και μετά προσθέστε τις υπόλοιπες 2 κουταλιές της σούπας νερό. Σκεπάζουμε το γουόκ και βράζουμε το μπρόκολο στον ατμό για 6 με 8 λεπτά, μέχρι να γίνει τραγανό.

e) Επιστρέψτε το βόειο κρέας στο γουόκ και ανακατέψτε τη σάλτσα για 2 έως 3 λεπτά, μέχρι να επικαλυφθεί πλήρως και η σάλτσα να πήξει ελαφρώς. Πετάξτε το τζίντζερ, μεταφέρετε σε πιατέλα και σερβίρετε ζεστό.

63. Μαύρο Πιπέρι Βοδινό Stir-Fry

ΣΥΣΤΑΤΙΚΑ:

- 1 κουταλιά της σούπας σάλτσα στρειδιών
- 1 κουταλιά της σούπας κρασί από ρύζι Shaoxing
- 2 κουταλάκια του γλυκού άμυλο καλαμποκιού
- 2 κουταλάκια του γλυκού ελαφριά σάλτσα σόγιας
- Αλεσμένο λευκό πιπέρι
- ¼ κουταλάκι του γλυκού ζάχαρη
- ¾ λίβρα μύτες από μοσχαρίσιο φιλέτο ή κόντρα φιλέτο, κομμένες σε κομμάτια 1 ίντσας
- 3 κουταλιές της σούπας φυτικό λάδι
- 3 καθαρισμένες φέτες φρέσκου τζίντζερ, η καθεμία περίπου στο μέγεθος ενός τετάρτου
- Αλάτι kosher
- 1 πράσινη πιπεριά, κομμένη σε λωρίδες πλάτους ½ ίντσας
- 1 μικρό κόκκινο κρεμμύδι, κομμένο σε λεπτές λωρίδες
- 1 κουταλάκι του γλυκού φρεσκοτριμμένο μαύρο πιπέρι, ή περισσότερο για γεύση
- 2 κουταλάκια του γλυκού σησαμέλαιο

ΟΔΗΓΙΕΣ:

a) Σε ένα μπολ ανακατεύουμε τη σάλτσα στρειδιών, το κρασί ρυζιού, το καλαμποκάλευρο, την ελαφριά σόγια, μια πρέζα λευκό πιπέρι και τη ζάχαρη. Ρίχνουμε το βόειο κρέας να καλυφθεί και το μαρινάρουμε για 10 λεπτά.

b) Ζεσταίνουμε ένα γουόκ σε μέτρια προς δυνατή φωτιά μέχρι να ροδίσει μια σταγόνα νερού και να εξατμιστεί όταν έρθει σε επαφή. Ρίξτε το φυτικό λάδι και ανακατέψτε για να καλύψει τη βάση του γουόκ. Προσθέστε το τζίντζερ και μια πρέζα αλάτι. Αφήστε το τζίντζερ να ροδίσει στο λάδι για περίπου 30 δευτερόλεπτα, στροβιλίζοντας απαλά.

c) Χρησιμοποιώντας λαβίδες, μεταφέρετε το μοσχαρίσιο κρέας στο γουόκ και πετάξτε την υπόλοιπη μαρινάδα. Σοτάρετε πάνω στο γουόκ για 1 έως 2 λεπτά ή μέχρι να αναπτυχθεί μια καστανή ψημένη κρούστα. Αναποδογυρίζουμε το μοσχάρι και σοτάρουμε από την άλλη πλευρά, άλλα 2 λεπτά. Τηγανίζουμε, ανακατεύοντας και αναποδογυρίζοντας στο γουόκ για άλλα 1 με 2 λεπτά και μετά μεταφέρουμε το βόειο κρέας σε ένα καθαρό μπολ.

d) Προσθέστε την πιπεριά και το κρεμμύδι και ανακατέψτε για 2 έως 3 λεπτά ή μέχρι τα λαχανικά να φαίνονται λαμπερά και τρυφερά. Επιστρέψτε το βόειο κρέας στο γουόκ, προσθέστε το μαύρο πιπέρι και ανακατέψτε μαζί για 1 λεπτό ακόμα.

e) Πετάξτε το τζίντζερ, μεταφέρετε σε μια πιατέλα και περιχύστε από πάνω το σησαμέλαιο. Σερβίρετε ζεστό.

64. Βοδινό σουσάμι

ΣΥΣΤΑΤΙΚΑ:

● 1 κουταλιά της σούπας ελαφριά σάλτσα σόγιας
● 2 κουταλιές της σούπας σησαμέλαιο, χωρισμένες
● 2 κουταλάκια του γλυκού άμυλο καλαμποκιού, χωρισμένο
● Κρεμάστρα 1 κιλού, φούστα ή επίπεδη σιδερένια μπριζόλα, κομμένη σε λωρίδες πάχους ¼ ίντσας
● ½ φλιτζάνι φρεσκοστυμμένο χυμό πορτοκαλιού
● ½ κουταλάκι του γλυκού ξύδι ρυζιού
● 1 κουταλάκι του γλυκού sriracha (προαιρετικά)
● 1 κουταλάκι του γλυκού καστανή ζάχαρη
● Αλάτι kosher
● Φρεσκοτριμμένο μαύρο πιπέρι
● 3 κουταλιές της σούπας φυτικό λάδι, χωρισμένες
● 4 καθαρισμένες φέτες φρέσκου τζίντζερ, η καθεμία περίπου στο μέγεθος ενός τετάρτου
● 1 μικρό κίτρινο κρεμμύδι, κομμένο σε λεπτές φέτες
● 3 σκελίδες σκόρδο, ψιλοκομμένες
● ½ κουταλιά της σούπας λευκό σουσάμι, για γαρνίρισμα

ΟΔΗΓΙΕΣ:

a) Σε ένα μεγάλο μπολ, ανακατέψτε μαζί την ελαφριά σόγια, 1 κουταλιά της σούπας σησαμέλαιο και 1 κουταλάκι του γλυκού άμυλο αραβοσίτου μέχρι να διαλυθεί το καλαμποκάλευρο. Προσθέστε το μοσχάρι και ρίξτε το να στρωθεί στη μαρινάδα. Αφήστε στην άκρη να μαριναριστεί για 10 λεπτά όσο ετοιμάζετε τη σάλτσα.

b) Σε ένα ποτήρι μεζούρα, ανακατέψτε μαζί το χυμό πορτοκαλιού, την υπόλοιπη 1 κουταλιά της σούπας σησαμέλαιο, το ξύδι ρυζιού, τη σριράτσα (αν χρησιμοποιείτε), την καστανή ζάχαρη, το υπόλοιπο 1 κουταλάκι του γλυκού άμυλο καλαμποκιού και μια πρέζα αλάτι και πιπέρι. Ανακατεύουμε μέχρι να διαλυθεί το καλαμποκάλευρο και το αφήνουμε στην άκρη.

c) Ζεσταίνουμε ένα γουόκ σε μέτρια προς δυνατή φωτιά μέχρι να ροδίσει μια σταγόνα νερού και να εξατμιστεί όταν έρθει σε επαφή. Ρίχνουμε 2 κουταλιές της σούπας φυτικό λάδι και ανακατεύουμε να καλύψει τη βάση του γουόκ. Αλατοπιπερώστε το λάδι προσθέτοντας το τζίντζερ και μια πρέζα αλάτι. Αφήστε το τζίντζερ να ροδίσει στο λάδι για περίπου 30 δευτερόλεπτα, στροβιλίζοντας απαλά.

d) Χρησιμοποιώντας λαβίδες, μεταφέρετε το μοσχάρι στο γουόκ και πετάτε τη μαρινάδα. Αφήστε τα κομμάτια να ψηθούν στο γουόκ για 2 με 3 λεπτά. Γυρίστε για να ψηθεί και από την άλλη πλευρά για άλλα 1 με 2 λεπτά. Τηγανίζουμε ανακατεύοντας και αναποδογυρίζοντας γρήγορα στο γουόκ για 1 λεπτό ακόμα. Μεταφέρετε σε ένα καθαρό μπολ.

e) Προσθέστε την υπόλοιπη 1 κουταλιά της σούπας φυτικό λάδι και ρίξτε μέσα το κρεμμύδι. Τηγανίζουμε γρήγορα, ανακατεύοντας και αναποδογυρίζοντας το κρεμμύδι με μια σπάτουλα γουόκ για 2 έως 3 λεπτά, μέχρι το κρεμμύδι να φαίνεται ημιδιαφανές αλλά να είναι ακόμα σφιχτό στην υφή. Προσθέστε το σκόρδο και ανακατέψτε για άλλα 30 δευτερόλεπτα.

f) Ρίξτε τη σάλτσα και συνεχίστε να μαγειρεύετε μέχρι να αρχίσει να πήζει η σάλτσα. Επιστρέψτε το βόειο κρέας στο γουόκ, ανακατεύοντας και αναποδογυρίζοντας έτσι ώστε το βόειο κρέας και το κρεμμύδι να καλυφθούν με σάλτσα. Αλατοπιπερώνετε με αλάτι και πιπέρι.

g) Μεταφέρουμε σε μια πιατέλα, πετάμε το τζίντζερ, πασπαλίζουμε με το σουσάμι και σερβίρουμε ζεστό.

65. Μογγολικό βόειο κρέας

ΣΥΣΤΑΤΙΚΑ:

- 2 κουταλιές της σούπας κρασί από ρύζι Shaoxing
- 1 κουταλιά της σούπας σάλτσα μαύρης σόγιας
- 1 κουταλιά της σούπας άμυλο καλαμποκιού, χωρισμένο
- ¾ λίβρα μπριζόλα, κομμένη σε φέτες πάχους ¼ ίντσας
- ¼ φλιτζάνι ζωμός κοτόπουλου με χαμηλή περιεκτικότητα σε νάτριο
- 1 κουταλιά της σούπας καστανή ζάχαρη
- 1 φλιτζάνι φυτικό λάδι
- 4 ή 5 ολόκληρα αποξηραμένα κόκκινα κινέζικα τσίλι
- 4 σκελίδες σκόρδο, χοντροκομμένες
- 1 κουταλάκι του γλυκού καθαρισμένο και ψιλοκομμένο φρέσκο τζίντζερ
- ½ κίτρινο κρεμμύδι, κομμένο σε λεπτές φέτες
- 2 κουταλιές της σούπας φρέσκο κόλιανδρο χοντροκομμένο

ΟΔΗΓΙΕΣ:
a) Σε ένα μπολ ανάμειξης, ανακατέψτε μαζί το κρασί ρυζιού, τη μαύρη σόγια και 1 κουταλιά της σούπας άμυλο καλαμποκιού. Προσθέστε τη μπριζόλα κομμένη σε φέτες και ανακατέψτε. Αφήνουμε στην άκρη και μαρινάρουμε για 10 λεπτά.
b) Ρίξτε το λάδι σε ένα γουόκ και βάλτε το στους 375°F σε μέτρια προς δυνατή φωτιά. Μπορείτε να καταλάβετε ότι το λάδι είναι στη σωστή θερμοκρασία όταν βυθίσετε την άκρη μιας ξύλινης κουτάλας στο λάδι. Εάν το λάδι βγάζει φυσαλίδες και τσιτσιρίζει γύρω του, το λάδι είναι έτοιμο.
c) Βγάλτε το βόειο κρέας από τη μαρινάδα, κρατώντας τη μαρινάδα. Προσθέστε το βόειο κρέας στο λάδι και τηγανίστε για 2 με 3 λεπτά, μέχρι να αποκτήσει μια χρυσή κρούστα. Χρησιμοποιώντας ένα skimmer γουόκ, μεταφέρετε το βόειο κρέας σε ένα καθαρό μπολ και αφήστε το στην άκρη. Προσθέστε το ζωμό κοτόπουλου και την καστανή ζάχαρη στο μπολ της μαρινάδας και ανακατέψτε να ενωθούν.
d) Ρίξτε όλο εκτός από 1 κουταλιά της σούπας λάδι από το γουόκ και βάλτε το σε μέτρια προς δυνατή φωτιά. Προσθέστε τις πιπεριές τσίλι, το σκόρδο και το τζίντζερ. Αφήστε τα αρωματικά να σιγοβράσουν στο λάδι για περίπου 10 δευτερόλεπτα, στροβιλίζοντας απαλά.
e) Προσθέστε το κρεμμύδι και ανακατέψτε για 1 έως 2 λεπτά ή μέχρι το κρεμμύδι να είναι μαλακό και διάφανο. Προσθέστε το μείγμα του ζωμού κοτόπουλου και ανακατέψτε να ενωθούν. Σιγοβράζουμε για περίπου 2 λεπτά, μετά προσθέτουμε το βόειο κρέας και ανακατεύουμε όλα μαζί για άλλα 30 δευτερόλεπτα.
f) Μεταφέρετε σε πιατέλα, γαρνίρετε με τον κόλιαντρο και σερβίρετε ζεστό.

66. Μοσχαρίσιο Σετσουάν με Σέλινο και Καρότα

ΣΥΣΤΑΤΙΚΑ:

- 2 κουταλιές της σούπας κρασί από ρύζι Shaoxing
- 1 κουταλιά της σούπας σάλτσα μαύρης σόγιας
- 2 κουταλάκια του γλυκού σησαμέλαιο
- ¾ λίβρα μπριζόλα από πλευρά ή φούστα, κομμένη στο κόκκο
- 1 κουταλιά της σούπας σάλτσα hoisin
- 2 κουταλάκια του γλυκού ελαφριά σάλτσα σόγιας
- 2 κουταλιές της σούπας άμυλο καλαμποκιού, χωρισμένο
- ¼ κουταλάκι του γλυκού κινέζικα πέντε μπαχαρικά σε σκόνη
- 1 κουταλάκι του γλυκού κόκκοι πιπεριού Σετσουάν, θρυμματισμένοι
- 4 καθαρισμένες φέτες φρέσκου τζίντζερ
- 3 σκελίδες σκόρδο, ελαφρά λιωμένες
- 2 κοτσάνια σέλινου, κομμένα σε λωρίδες 3 ιντσών
- 1 μεγάλο καρότο, ξεφλουδισμένο και ξεφλουδισμένο σε λωρίδες 3 ιντσών
- 2 κρεμμυδάκια, κομμένα σε λεπτές φέτες

ΟΔΗΓΙΕΣ:

a) Σε ένα μπολ ανακατεύουμε το κρασί ρυζιού, τη μαύρη σόγια και το σησαμέλαιο.

b) Προσθέστε το μοσχάρι και ανακατέψτε να ενωθούν. Αφήστε στην άκρη για 10 λεπτά.

c) Σε ένα μικρό μπολ, συνδυάστε τη σάλτσα hoisin, την ελαφριά σόγια, το νερό, 1 κουταλιά της σούπας άμυλο καλαμποκιού και πέντε μπαχαρικά σε σκόνη. Αφήνω στην άκρη.

d) Ζεσταίνουμε ένα γουόκ σε μέτρια προς δυνατή φωτιά μέχρι να ροδίσει μια σταγόνα νερού και να εξατμιστεί όταν έρθει σε επαφή. Ρίξτε το φυτικό λάδι και ανακατέψτε για να καλύψει τη βάση του γουόκ. Αλατοπιπερώστε το λάδι προσθέτοντας τους κόκκους πιπεριού, το τζίντζερ και το σκόρδο. Αφήστε τα αρωματικά να σιγοβράσουν στο λάδι για περίπου 10 δευτερόλεπτα, στροβιλίζοντας απαλά.

e) Ρίξτε το βόειο κρέας στην υπόλοιπη 1 κουταλιά της σούπας άμυλο καλαμποκιού για να καλυφθεί και προσθέστε το στο γουόκ. Σοτάρετε το βόειο κρέας στο πλάι του γουόκ για 1 έως 2 λεπτά ή μέχρι να αναπτυχθεί μια χρυσοκαφέ καστανή κρούστα. Γυρίστε και ψήστε από την άλλη πλευρά για άλλο ένα λεπτό. Ανακατεύουμε και αναποδογυρίζουμε για περίπου 2 λεπτά ακόμη, μέχρι το βόειο κρέας να μην είναι πλέον ροζ.

f) Μετακινήστε το μοσχάρι στα πλαϊνά του γουόκ και προσθέστε το σέλινο και το καρότο στο κέντρο. Τηγανίζουμε, ανακατεύοντας και αναποδογυρίζοντας μέχρι να μαλακώσουν τα λαχανικά, άλλα 2 με 3 λεπτά. Ανακατεύουμε το μείγμα της σάλτσας hoisin και αδειάζουμε στο γουόκ. Συνεχίζουμε το ανακάτεμα, καλύπτοντας το μοσχάρι και τα λαχανικά με τη σάλτσα για 1 με 2 λεπτά, μέχρι να αρχίσει να πήζει και να γίνει γυαλιστερή. Αφαιρέστε το τζίντζερ και το σκόρδο και πετάξτε.

67. Hoisin Μοσχαρίσια φλιτζάνια μαρούλι

ΣΥΣΤΑΤΙΚΑ:

● ¾ κιλό μοσχαρίσιο κιμά

● 2 κουταλάκια του γλυκού άμυλο καλαμποκιού

● Αλάτι kosher

● Φρεσκοτριμμένο μαύρο πιπέρι

● 3 κουταλιές της σούπας φυτικό λάδι, χωρισμένες

● 1 κουταλιά της σούπας ξεφλουδισμένο ψιλοκομμένο τζίντζερ

● 2 σκελίδες σκόρδο, ψιλοκομμένες

● 1 καρότο, καθαρισμένο και ζουλιέν

● 1 (4 ουγγιές) κονσέρβα νεροκάστανα, στραγγισμένα και ξεπλυμένα

● 2 κουταλιές της σούπας σάλτσα hoisin

● 3 κρεμμύδια, λευκά και πράσινα μέρη χωρισμένα, κομμένα σε λεπτές φέτες

● 8 πλατιά φύλλα μαρουλιού iceberg (ή Bibb), κομμένα σε προσεγμένα στρογγυλά φλιτζάνια

ΟΔΗΓΙΕΣ:
a) Σε ένα μπολ πασπαλίζουμε το μοσχάρι με το καλαμποκάλευρο και μια πρέζα αλάτι και πιπέρι. Ανακατεύουμε καλά να ενωθούν.
b) Ζεσταίνουμε ένα γουόκ σε μέτρια προς δυνατή φωτιά μέχρι να ροδίσει μια σταγόνα νερού και να εξατμιστεί όταν έρθει σε επαφή. Ρίχνουμε 2 κουταλιές της σούπας λάδι και ανακατεύουμε να καλύψει τη βάση του γουόκ. Προσθέστε το βόειο κρέας και ροδίστε και από τις δύο πλευρές, στη συνέχεια ανακατέψτε και αναποδογυρίστε, σπάζοντας το βόειο κρέας σε θρυμματισμένους και σβώλους για 3 έως 4 λεπτά, μέχρι το βόειο κρέας να μην είναι πλέον ροζ. Μεταφέρετε το μοσχάρι σε ένα καθαρό μπολ και το αφήνετε στην άκρη.
c) Σκουπίζουμε το γουόκ και το επαναφέρουμε σε μέτρια φωτιά. Προσθέστε την υπόλοιπη 1 κουταλιά της σούπας λάδι και ανακατέψτε γρήγορα το τζίντζερ και το σκόρδο με μια πρέζα αλάτι. Μόλις το σκόρδο μυρίσει, ρίξτε μέσα το καρότο και το νερό κάστανα για 2 με 3 λεπτά, μέχρι το καρότο να γίνει τρυφερό. Χαμηλώνουμε τη φωτιά σε μέτρια, επιστρέφουμε το μοσχάρι στο γουόκ και περιχύνουμε με τη σάλτσα hoisin και τα ασπράδια του κρεμμυδιού. Ανακατέψτε για να συνδυάσετε, περίπου άλλα 45 δευτερόλεπτα.
d) Απλώστε τα φύλλα μαρουλιού, 2 ανά πιάτο, και μοιράστε ομοιόμορφα το μείγμα του βοείου κρέατος στα φύλλα μαρουλιού. Γαρνίρετε με τα χόρτα του κρεμμυδιού και φάτε όπως θα κάνατε ένα μαλακό τάκο.

68. Τηγανητές χοιρινές μπριζόλες με κρεμμύδι

ΣΥΣΤΑΤΙΚΑ:

- 4 χοιρινές μπριζόλες χωρίς κόκαλα
- 1 κουταλιά της σούπας κρασί Shaoxing
- ½ κουταλάκι του γλυκού φρεσκοτριμμένο μαύρο πιπέρι
- Αλάτι kosher
- 3 φλιτζάνια φυτικό λάδι
- 2 κουταλιές της σούπας άμυλο καλαμποκιού
- 3 καθαρισμένες φέτες φρέσκου τζίντζερ, η καθεμία περίπου στο μέγεθος ενός τετάρτου
- 1 μέτριο κίτρινο κρεμμύδι, κομμένο σε λεπτές φέτες
- 2 σκελίδες σκόρδο, ψιλοκομμένες
- 2 κουταλιές της σούπας ελαφριά σάλτσα σόγιας
- 1 κουταλάκι του γλυκού σάλτσα μαύρης σόγιας
- ½ κουταλάκι του γλυκού ξύδι από κόκκινο κρασί
- Ζάχαρη

ΟΔΗΓΙΕΣ:

a) Χτυπάμε τις χοιρινές μπριζόλες με ένα σφυρί κρέατος μέχρι να αποκτήσουν ½ ίντσα πάχος. Τοποθετούμε σε ένα μπολ και αλατοπιπερώνουμε με το κρασί ρυζιού, το πιπέρι και μια μικρή πρέζα αλάτι. Μαρινάρετε για 10 λεπτά.

b) Ρίξτε το λάδι στο γουόκ. το λάδι πρέπει να είναι περίπου 1 έως 1 ½ ίντσα βάθος. Φέρτε το λάδι στους 375°F σε μέτρια προς δυνατή φωτιά. Μπορείτε να καταλάβετε ότι το λάδι είναι στη σωστή θερμοκρασία όταν βυθίσετε την άκρη μιας ξύλινης κουτάλας στο λάδι. Εάν το λάδι βγάζει φυσαλίδες και τσιτσιρίζει γύρω του, το λάδι είναι έτοιμο.

c) Δουλεύοντας σε 2 παρτίδες, αλείφετε τις μπριζόλες με το άμυλο καλαμποκιού. Τα χαμηλώνουμε απαλά ένα-ένα στο λάδι και τηγανίζουμε για 5 με 6 λεπτά, μέχρι να ροδίσουν. Μεταφέρετε σε πιάτο στρωμένο με χαρτί κουζίνας.

d) Ρίξτε όλο εκτός από 1 κουταλιά της σούπας λάδι από το γουόκ και βάλτε το σε μέτρια προς δυνατή φωτιά. Αλατοπιπερώστε το λάδι προσθέτοντας το τζίντζερ και μια πρέζα αλάτι. Αφήστε το τζίντζερ να ροδίσει στο λάδι για περίπου 30 δευτερόλεπτα, στροβιλίζοντας απαλά.

e) Τηγανίζουμε το κρεμμύδι για περίπου 4 λεπτά, μέχρι να γίνει ημιδιαφανές και μαλακό. Προσθέστε το σκόρδο και τσιγαρίστε για άλλα 30 δευτερόλεπτα ή μέχρι να μυρίσει. Μεταφέρουμε στο πιάτο με τις χοιρινές μπριζόλες.

f) Στο γουόκ, ρίξτε την ελαφριά σόγια, τη σκούρα σόγια, το ξύδι από κόκκινο κρασί και μια πρέζα ζάχαρη και ανακατέψτε να ενωθούν. Αφήνουμε να πάρει μια βράση και επιστρέφουμε το κρεμμύδι και τις χοιρινές μπριζόλες στο γουόκ. Ανακατεύουμε να ενωθούν καθώς η σάλτσα αρχίζει να πήζει ελαφρώς. Αφαιρέστε το τζίντζερ και πετάξτε. Μεταφέρετε σε πιατέλα και σερβίρετε αμέσως.

69. Χοιρινό Five Spice με Bok Choy

ΣΥΣΤΑΤΙΚΑ:

- 1 κουταλιά της σούπας ελαφριά σάλτσα σόγιας
- 1 κουταλιά της σούπας κρασί από ρύζι Shaoxing
- 1 κουταλάκι του γλυκού κινέζικα πέντε μπαχαρικά σε σκόνη
- 1 κουταλάκι του γλυκού άμυλο καλαμποκιού
- ½ κουταλάκι του γλυκού καστανή ζάχαρη
- ¾ κιλό κιμά χοιρινό
- 2 κουταλιές της σούπας φυτικό λάδι
- 2 σκελίδες σκόρδο, ξεφλουδισμένες και ελαφρώς σπασμένες
- Αλάτι kosher
- 2 με 3 κεφαλές bok choy, κομμένες σταυρωτά σε κομμάτια μεγέθους μπουκιάς
- 1 καρότο, καθαρισμένο και ζουλιέν
- Μαγειρεμένο ρύζι, για το σερβίρισμα

ΟΔΗΓΙΕΣ:

a) Σε ένα μπολ ανάμειξης, ανακατέψτε μαζί την ελαφριά σόγια, το κρασί ρυζιού, τη σκόνη πέντε μπαχαρικών, το άμυλο καλαμποκιού και την καστανή ζάχαρη. Προσθέστε το χοιρινό και ανακατέψτε απαλά να ενωθούν. Αφήνουμε στην άκρη να μαριναριστεί για 10 λεπτά.

b) Ζεσταίνουμε ένα γουόκ σε μέτρια προς δυνατή φωτιά μέχρι να ροδίσει μια σταγόνα νερού και να εξατμιστεί όταν έρθει σε επαφή. Ρίχνουμε το λάδι και ανακατεύουμε να καλύψει τη βάση του γουόκ. Αλατοπιπερώνουμε το λάδι προσθέτοντας το σκόρδο και μια πρέζα αλάτι. Αφήστε το σκόρδο να τσιγαριστεί στο λάδι για περίπου 10 δευτερόλεπτα, στροβιλίζοντας απαλά.

c) Προσθέστε χοιρινό στο γουόκ και αφήστε το να μαγειρευτεί στα τοιχώματα του γουόκ για 1 έως 2 λεπτά ή μέχρι να αναπτυχθεί μια χρυσή κρούστα. Γυρίστε και ψήστε από την άλλη πλευρά για άλλο ένα λεπτό. Πετάξτε και αναποδογυρίστε για να τηγανίσετε το χοιρινό για 1 έως 2 λεπτά ακόμη, σπάζοντάς το σε θρυμματισμένους και σβώλους μέχρι να μην είναι πλέον ροζ.

d) Προσθέστε το bok choy και το καρότο και ανακατέψτε και αναποδογυρίστε να ενωθούν με το χοιρινό. Συνεχίστε το τηγάνισμα για 2 έως 3 λεπτά, μέχρι να μαλακώσουν το καρότο και το bok choy. Μεταφέρετε σε πιατέλα και σερβίρετε ζεστό με ρύζι στον ατμό.

70. Hoisin Pork Stir-Fry

ΣΥΣΤΑΤΙΚΑ:

- 2 κουταλάκια του γλυκού κρασί από ρύζι Shaoxing
- 2 κουταλάκια του γλυκού ελαφριά σάλτσα σόγιας
- ½ κουταλάκι του γλυκού πάστα τσίλι
- ¾ κιλό χοιρινό φιλέτο χωρίς κόκαλα, κομμένο σε λεπτές φέτες σε λωρίδες ζουλιέν
- 2 κουταλιές της σούπας φυτικό λάδι
- 4 καθαρισμένες φέτες φρέσκου τζίντζερ, η καθεμία περίπου στο μέγεθος ενός τετάρτου
- Αλάτι kosher
- 4 ουγγιές αρακά χιονιού, κομμένα σε λεπτές φέτες στη διαγώνιο
- 2 κουταλιές της σούπας σάλτσα hoisin
- 1 κουταλιά της σούπας νερό

ΟΔΗΓΙΕΣ:

a) Σε ένα μπολ, ανακατέψτε μαζί το κρασί ρυζιού, την ελαφριά σόγια και την πάστα τσίλι. Προσθέστε το χοιρινό και ανακατέψτε. Αφήνουμε στην άκρη να μαριναριστεί για 10 λεπτά.

b) Ζεσταίνουμε ένα γουόκ σε μέτρια προς δυνατή φωτιά μέχρι να ροδίσει μια σταγόνα νερού και να εξατμιστεί όταν έρθει σε επαφή. Ρίχνουμε το λάδι και ανακατεύουμε να καλύψει τη βάση του γουόκ. Αλατοπιπερώστε το λάδι προσθέτοντας το τζίντζερ και μια πρέζα αλάτι. Αφήστε το τζίντζερ να ροδίσει στο λάδι για περίπου 30 δευτερόλεπτα, στροβιλίζοντας απαλά.

c) Προσθέστε το χοιρινό και τη μαρινάδα και ανακατέψτε για 2 έως 3 λεπτά, μέχρι να μην είναι πλέον ροζ. Προσθέστε τα μπιζέλια και τηγανίστε τα για περίπου 1 λεπτό, μέχρι να μαλακώσουν και να γίνουν διάφανα. Ρίξτε τη σάλτσα hoisin και το νερό για να χαλαρώσει η σάλτσα. Συνεχίστε να το ανακατεύετε και να το αναποδογυρίζετε για 30 δευτερόλεπτα ή μέχρι να ζεσταθεί η σάλτσα και να επικαλυφθούν τα χοιρινά και τα μπιζέλια.

d) Μεταφέρετε σε πιατέλα και σερβίρετε ζεστό.

71.   Χοιρινή κοιλιά δύο φορές μαγειρεμένη

ΣΥΣΤΑΤΙΚΑ:

● 1 κιλό χοιρινή κοιλιά χωρίς κόκαλα

● ⅓ φλιτζάνι σάλτσα μαύρων φασολιών ή σάλτσα μαύρων φασολιών από το κατάστημα

● 1 κουταλιά της σούπας κρασί από ρύζι Shaoxing

● 1 κουταλάκι του γλυκού σάλτσα μαύρης σόγιας

● ½ κουταλάκι του γλυκού ζάχαρη

● 2 κουταλιές της σούπας φυτικό λάδι, χωρισμένες

● 4 καθαρισμένες φέτες φρέσκου τζίντζερ

● Αλάτι kosher

● 1 πράσο, κομμένο στη μέση και κομμένο στη διαγώνιο

● ½ κόκκινη πιπεριά, κομμένη σε φέτες

ΟΔΗΓΙΕΣ:

a) Σε μια μεγάλη κατσαρόλα βάζουμε το χοιρινό και το σκεπάζουμε με νερό. Αφήνουμε το τηγάνι να πάρει μια βράση και μετά σιγοβράζουμε. Σιγοβράζουμε ακάλυπτα για 30 λεπτά ή μέχρι να μαλακώσει και να ψηθεί το χοιρινό. Με τρυπητή κουτάλα μεταφέρετε το χοιρινό σε ένα μπολ (πετάξτε το μαγειρικό υγρό) και αφήστε το να κρυώσει.

b) Αφήνουμε στο ψυγείο για αρκετές ώρες ή όλη τη νύχτα. Μόλις κρυώσει το χοιρινό, κόψτε σε λεπτές φέτες πάχους ¼ ίντσας και αφήστε το στην άκρη. Αφήνοντας το χοιρινό να κρυώσει εντελώς πριν το κόψετε, θα είναι ευκολότερο να το κόψετε σε λεπτές φέτες.

c) Σε ένα ποτήρι μεζούρα, ανακατεύουμε μαζί τη σάλτσα μαύρων φασολιών, το κρασί ρυζιού, τη μαύρη σόγια και τη ζάχαρη και αφήνουμε στην άκρη.

d) Ζεσταίνουμε ένα γουόκ σε μέτρια προς δυνατή φωτιά μέχρι να ροδίσει μια σταγόνα νερού και να εξατμιστεί όταν έρθει σε επαφή. Ρίχνουμε 1 κουταλιά της σούπας λάδι και ανακατεύουμε να καλύψει τη βάση του γουόκ. Αλατοπιπερώστε το λάδι προσθέτοντας το τζίντζερ και μια πρέζα αλάτι. Αφήστε το τζίντζερ να ροδίσει στο λάδι για περίπου 30 δευτερόλεπτα, στροβιλίζοντας απαλά.

e) Δουλεύοντας σε παρτίδες, μεταφέρετε το μισό χοιρινό στο γουόκ. Αφήστε τα κομμάτια να ψηθούν στο γουόκ για 2 με 3 λεπτά. Αναποδογυρίστε για να ψηθεί και από την άλλη πλευρά για άλλα 1 με 2 λεπτά, μέχρι να αρχίσει να κουλουριάζεται το χοιρινό. Μεταφέρετε σε ένα καθαρό μπολ. Επαναλάβετε με το υπόλοιπο χοιρινό.

f) Προσθέστε την υπόλοιπη 1 κουταλιά της σούπας λάδι. Προσθέτουμε το πράσο και την κόκκινη πιπεριά και τηγανίζουμε για 1 λεπτό, μέχρι να μαλακώσει το πράσο. Ρίξτε τη σάλτσα και τηγανίστε μέχρι να μυρίσει. Επιστρέψτε το χοιρινό στο τηγάνι και συνεχίστε το τηγάνισμα για 2 με 3 λεπτά ακόμα, μέχρι να ψηθούν όλα. Πετάξτε τις φέτες τζίντζερ και μεταφέρετε σε πιατέλα σερβιρίσματος.

72. Χοιρινό Mu Shu με τηγανίτες τηγανιού

ΣΥΣΤΑΤΙΚΑ:

Για τις τηγανίτες

- 1¾ φλιτζάνι αλεύρι για όλες τις χρήσεις
- ¾ φλιτζάνι βραστό νερό
- Αλάτι kosher
- 3 κουταλιές της σούπας σησαμέλαιο

Για το χοιρινό mu Shu

- 2 κουταλιές της σούπας ελαφριά σάλτσα σόγιας
- 1 κουταλάκι του γλυκού άμυλο καλαμποκιού
- 1 κουταλάκι του γλυκού κρασί από ρύζι Shaoxing
- Αλεσμένο λευκό πιπέρι
- ¾ λίβρα χοιρινό φιλέτο χωρίς κόκαλα, κομμένο σε φέτες ενάντια στους κόκκους
- 3 κουταλιές της σούπας φυτικό λάδι
- 2 κουταλάκια του γλυκού καθαρισμένο και ψιλοκομμένο φρέσκο τζίντζερ
- 1 μεγάλο καρότο, ξεφλουδισμένο και ψιλοκομμένο σε μήκη 3 ιντσών
- 6 έως 8 φρέσκα μανιτάρια αυτιού, κομμένα σε λωρίδες julienne
- ½ μικρό κεφάλι πράσινο λάχανο, ψιλοκομμένο
- 2 κρεμμύδια, κομμένα σε μήκη ½ ίντσας
- 1 κονσέρβα (4 ουγγιές) κομμένο σε φέτες βλαστούς μπαμπού, στραγγισμένο και πολτοποιημένο
- ¼ φλιτζάνι σάλτσα δαμάσκηνου, για το σερβίρισμα

ΟΔΗΓΙΕΣ:

Για να φτιάξετε τις τηγανίτες

a) Σε ένα μεγάλο μπολ ανακατεύουμε, χρησιμοποιώντας μια ξύλινη κουτάλα, το αλεύρι, το βραστό νερό και μια πρέζα αλάτι. Τα ανακατεύουμε όλα μέχρι να γίνει μια σφιχτή ζύμη. Μεταφέρετε τη ζύμη σε αλευρωμένο ξύλο κοπής και ζυμώνετε με το χέρι για περίπου 4 λεπτά ή μέχρι να ομογενοποιηθεί. Η ζύμη θα είναι ζεστή, γι' αυτό φορέστε γάντια μιας χρήσης για να προστατεύσετε τα χέρια σας. Επιστρέψτε τη ζύμη στο μπολ και καλύψτε με πλαστική μεμβράνη. Αφήστε να ξεκουραστεί για 30 λεπτά.

b) Πλάθετε τη ζύμη σε ένα κούτσουρο μήκους 12 ιντσών ανοίγοντάς το με τα χέρια σας. Κόψτε το κούτσουρο σε 12 ίσα κομμάτια, διατηρώντας το στρογγυλό σχήμα για να δημιουργήσετε μετάλλια. Ισιώστε τα μετάλλια με τις παλάμες σας και αλείψτε τις κορυφές με το σησαμέλαιο. Πιέστε τις λαδωμένες πλευρές μεταξύ τους, για να δημιουργήσετε 6 στοίβες διπλασιασμένων κομματιών ζύμης.

c) Τυλίξτε κάθε στοίβα σε ένα λεπτό, στρογγυλό φύλλο, διαμέτρου 7 έως 8 ιντσών. Είναι καλύτερο να συνεχίσετε να αναποδογυρίζετε τη τηγανίτα καθώς τυλίγετε, για να επιτύχετε ομοιόμορφη αραίωση και για τις δύο πλευρές.

d) Ζεσταίνουμε ένα μαντεμένιο τηγάνι σε μέτρια προς δυνατή φωτιά και ψήνουμε τις τηγανίτες μία κάθε φορά για περίπου 1 λεπτό από την πρώτη πλευρά, μέχρι να γίνει ελαφρώς διάφανο και να αρχίσει να κάνει φουσκάλες. Γυρίστε για να ψηθεί και από την άλλη πλευρά, άλλα 30 δευτερόλεπτα. Μεταφέρετε τη τηγανίτα σε ένα πιάτο στρωμένο με πετσέτα κουζίνας και αφαιρέστε προσεκτικά τις δύο τηγανίτες.

Για να φτιάξετε το χοιρινό mu Shu

e) Σε ένα μπολ ανάμειξης, ανακατεύουμε την ελαφριά σόγια, το καλαμποκάλευρο, το κρασί ρυζιού και μια πρέζα λευκό πιπέρι. Προσθέστε το χοιρινό σε φέτες και ανακατέψτε και μαρινάρετε για 10 λεπτά.

f) Ζεσταίνουμε ένα γουόκ σε μέτρια προς δυνατή φωτιά μέχρι να ροδίσει μια σταγόνα νερού και να εξατμιστεί όταν έρθει σε επαφή.

Ρίξτε το φυτικό λάδι και ανακατέψτε για να καλύψει τη βάση του γουόκ. Αλατοπιπερώστε το λάδι προσθέτοντας το τζίντζερ και μια πρέζα αλάτι. Αφήστε το τζίντζερ να ροδίσει στο λάδι για περίπου 10 δευτερόλεπτα, στροβιλίζοντας απαλά.

g) Προσθέστε το χοιρινό και ανακατέψτε για 1 με 2 λεπτά, μέχρι να μην είναι πλέον ροζ. Προσθέστε το καρότο και τα μανιτάρια και συνεχίστε να ανακατεύετε για άλλα 2 λεπτά ή μέχρι να μαλακώσει το καρότο. Προσθέστε το λάχανο, το κρεμμύδι και τους βλαστούς μπαμπού και ανακατέψτε για άλλο ένα λεπτό ή μέχρι να ζεσταθεί. Μεταφέρετε σε ένα μπολ και σερβίρετε ρίχνοντας με κουτάλι τη γέμιση χοιρινού στο κέντρο μιας τηγανίτας και γαρνίροντας με σάλτσα δαμάσκηνου.

73. Ανταλλακτικά χοιρινά με σάλτσα μαύρου φασολιού

ΣΥΣΤΑΤΙΚΑ:

● Ανταλλακτικά χοιρινού 1 κιλού, κομμένα σταυρωτά σε λωρίδες πλάτους 1½ ίντσας

● ¼ κουταλάκι του γλυκού αλεσμένο λευκό πιπέρι

● 2 κουταλιές της σούπας σάλτσα μαύρου φασολιού ή σάλτσα μαύρων φασολιών από το κατάστημα

● 1 κουταλιά της σούπας κρασί από ρύζι Shaoxing

● 1 κουταλιά της σούπας φυτικό λάδι

● 2 κουταλάκια του γλυκού άμυλο καλαμποκιού

● Κομμάτι φρέσκου τζίντζερ ½ ίντσας, ξεφλουδισμένο και ψιλοκομμένο

● 2 σκελίδες σκόρδο, ψιλοκομμένες

● 1 κουταλάκι του γλυκού σησαμέλαιο

● 2 κρεμμυδάκια, κομμένα σε λεπτές φέτες

ΟΔΗΓΙΕΣ:

a) Κόψτε τα μεταξύ των πλευρών για να τα χωρίσετε σε ραβδώσεις μεγέθους μπουκιάς. Σε ένα ρηχό, ανθεκτικό στη θερμότητα μπολ, συνδυάστε τα παϊδάκια και το λευκό πιπέρι. Προσθέστε τη σάλτσα μαύρων φασολιών, το κρασί ρυζιού, το φυτικό λάδι, το καλαμποκάλευρο, το τζίντζερ και το σκόρδο και ανακατέψτε να ενωθούν, βεβαιωθείτε ότι τα ραβδιά είναι όλα επικαλυμμένα. Μαρινάρετε για 10 λεπτά.

b) Ξεπλύνετε ένα καλάθι ατμού από μπαμπού και το καπάκι του κάτω από κρύο νερό και τοποθετήστε το στο γουόκ. Ρίξτε 2 ίντσες νερό ή μέχρι να φτάσει πάνω από το κάτω χείλος του ατμομάγειρα κατά περίπου ¼ έως ½ ίντσα, αλλά όχι τόσο πολύ ώστε να αγγίζει το κάτω μέρος του καλαθιού. Τοποθετούμε το μπολ με τα παϊδάκια στο καλάθι του ατμομάγειρα και σκεπάζουμε.

c) Χαμηλώνουμε τη φωτιά σε υψηλή για να βράσει το νερό και στη συνέχεια χαμηλώνουμε τη φωτιά σε μέτρια προς υψηλή. Μαγειρέψτε τον ατμό σε μέτρια προς δυνατή φωτιά για 20 έως 22 λεπτά ή έως ότου οι ραβδώσεις δεν είναι πλέον ροζ. Μπορεί να χρειαστεί να ανανεώσετε το νερό, γι' αυτό συνεχίστε να ελέγχετε για να βεβαιωθείτε ότι δεν στεγνώνει στο γουόκ.

d) Αφαιρέστε προσεκτικά το μπολ από το καλάθι του ατμομάγειρα. Περιχύνετε τα παϊδάκια με το σησαμέλαιο και γαρνίρετε με τα κρεμμύδια. Σερβίρετε αμέσως.

74. Αρνί Μογγολίας τηγανητό

ΣΥΣΤΑΤΙΚΑ:

- 2 κουταλιές της σούπας κρασί από ρύζι Shaoxing
- 1 κουταλιά της σούπας σάλτσα μαύρης σόγιας
- 3 σκελίδες σκόρδο, ψιλοκομμένες
- 2 κουταλάκια του γλυκού άμυλο καλαμποκιού
- 1 κουταλάκι του γλυκού σησαμέλαιο
- 1 κιλό αρνίσιο μπούτι χωρίς κόκαλα, κομμένο σε φέτες πάχους ¼ ίντσας
- 3 κουταλιές της σούπας φυτικό λάδι, χωρισμένες
- 4 καθαρισμένες φέτες φρέσκου τζίντζερ, η καθεμία περίπου στο μέγεθος ενός τετάρτου
- 2 ολόκληρες αποξηραμένες κόκκινες πιπεριές τσίλι (προαιρετικά)
- Αλάτι kosher
- 4 κρεμμύδια, κομμένα σε κομμάτια μήκους 3 ιντσών και στη συνέχεια κομμένα σε λεπτές φέτες κατά μήκος

ΟΔΗΓΙΕΣ:

a) Σε ένα μεγάλο μπολ, ανακατέψτε μαζί το κρασί από ρύζι, τη μαύρη σόγια, το σκόρδο, το καλαμποκάλευρο και το σησαμέλαιο. Προσθέστε το αρνί στη μαρινάδα και ανακατέψτε. Μαρινάρετε για 10 λεπτά.

b) Ζεσταίνουμε ένα γουόκ σε μέτρια προς δυνατή φωτιά μέχρι να ροδίσει μια σταγόνα νερού και να εξατμιστεί όταν έρθει σε επαφή. Ρίχνουμε 2 κουταλιές της σούπας φυτικό λάδι και ανακατεύουμε να καλύψει τη βάση του γουόκ. Αλατοπιπερώστε το λάδι προσθέτοντας το τζίντζερ, τα τσίλι (αν χρησιμοποιείτε) και μια πρέζα αλάτι. Αφήστε τα αρωματικά να σιγοβράσουν στο λάδι για περίπου 30 δευτερόλεπτα, στροβιλίζοντας απαλά.

c) Χρησιμοποιώντας λαβίδες, σηκώστε το μισό αρνί από τη μαρινάδα, ανακινώντας ελαφρά για να στάξει η περίσσεια. Κρατήστε τη μαρινάδα. Σιγοβράζουμε στο γουόκ για 2 με 3 λεπτά. Γυρίστε για να ψηθεί και από την άλλη πλευρά για άλλα 1 με 2 λεπτά. Τηγανίζουμε ανακατεύοντας και αναποδογυρίζοντας γρήγορα στο γουόκ για 1 λεπτό ακόμα. Μεταφέρετε σε ένα καθαρό μπολ. Προσθέστε την υπόλοιπη 1 κουταλιά της σούπας φυτικό λάδι και επαναλάβετε με το υπόλοιπο αρνί.

d) Επιστρέψτε όλο το αρνί και την κρατημένη μαρινάδα στο γουόκ και ρίξτε μέσα τα κρεμμυδάκια. Τηγανίζουμε για άλλο 1 λεπτό ή μέχρι να ψηθεί το αρνί και η μαρινάδα να γίνει μια γυαλιστερή σάλτσα.

e) Μεταφέρετε σε πιατέλα σερβιρίσματος, πετάξτε το τζίντζερ και σερβίρετε ζεστό.

75. Αρνί με μπαχαρικό κύμινο

ΣΥΣΤΑΤΙΚΑ:

● ¾ λίβρα αρνίσιο μπούτι χωρίς κόκαλα, κομμένο σε κομμάτια 1 ίντσας

● 1 κουταλιά της σούπας ελαφριά σάλτσα σόγιας

● 1 κουταλιά της σούπας κρασί από ρύζι Shaoxing

● Αλάτι kosher

● 2 κουταλιές της σούπας αλεσμένο κύμινο

● 1 κουταλάκι του γλυκού κόκκοι πιπεριού Σετσουάν, θρυμματισμένοι

● ½ κουταλάκι του γλυκού ζάχαρη

● 3 κουταλιές της σούπας φυτικό λάδι, χωρισμένες

● 4 καθαρισμένες φέτες φρέσκου τζίντζερ, η καθεμία περίπου στο μέγεθος ενός τετάρτου

● 2 κουταλιές της σούπας άμυλο καλαμποκιού

● ½ κίτρινο κρεμμύδι, κομμένο κατά μήκος σε λωρίδες

● 6 με 8 ολόκληρες αποξηραμένες κινέζικες πιπεριές τσίλι (προαιρετικά)

● 4 σκελίδες σκόρδο, κομμένες σε λεπτές φέτες

● ½ ματσάκι φρέσκο κόλιανδρο, χοντροκομμένο

ΟΔΗΓΙΕΣ:

a) Σε ένα μπολ ανακατεύουμε το αρνί, την ελαφριά σόγια, το κρασί από ρύζι και μια μικρή πρέζα αλάτι. Πετάξτε να επικαλυφθεί και μαριναριστεί για 15 λεπτά ή όλη τη νύχτα στο ψυγείο.

b) Σε ένα άλλο μπολ, ανακατέψτε μαζί το κύμινο, τους κόκκους πιπεριού Σετσουάν και τη ζάχαρη. Αφήνω στην άκρη.

c) Ζεσταίνουμε ένα γουόκ σε μέτρια προς δυνατή φωτιά μέχρι να ροδίσει μια σταγόνα νερού και να εξατμιστεί όταν έρθει σε επαφή. Ρίχνουμε 2 κουταλιές της σούπας λάδι και ανακατεύουμε να καλύψει τη βάση του γουόκ. Αλατοπιπερώστε το λάδι προσθέτοντας το τζίντζερ και μια πρέζα αλάτι. Αφήστε το τζίντζερ να ροδίσει στο λάδι για περίπου 30 δευτερόλεπτα, στροβιλίζοντας απαλά.

d) Ρίχνετε τα κομμάτια αρνιού με το καλαμποκάλευρο και προσθέτετε στο ζεστό γουόκ. Σοτάρουμε το αρνί για 2 έως 3 λεπτά από κάθε πλευρά και στη συνέχεια τηγανίζουμε για 1 ή 2 λεπτά ακόμη, ανακατεύοντας και αναποδογυρίζοντας γύρω από το γουόκ. Μεταφέρετε το αρνί σε ένα καθαρό μπολ και το αφήνετε στην άκρη.

e) Προσθέστε την υπόλοιπη 1 κουταλιά της σούπας λάδι και ανακατέψτε για να καλύψετε το γουόκ. Ρίξτε μέσα το κρεμμύδι και τις πιπεριές τσίλι (αν χρησιμοποιείτε) και ανακατέψτε για 3 έως 4 λεπτά ή μέχρι το κρεμμύδι να αρχίσει να φαίνεται γυαλιστερό, αλλά όχι νωπό. Αλατοπιπερώνουμε ελαφρά με μια μικρή πρέζα αλάτι. Ρίχνουμε το μείγμα σκόρδου και μπαχαρικών και συνεχίζουμε το τσιγάρισμα για άλλο ένα λεπτό.

f) Επιστρέψτε το αρνί στο γουόκ και ανακατέψτε το για 1 με 2 λεπτά ακόμα. Μεταφέρουμε σε μια πιατέλα, πετάμε το τζίντζερ και γαρνίρουμε με τον κόλιαντρο.

76. Αρνάκι με τζίντζερ και πράσο

ΣΥΣΤΑΤΙΚΑ:

- ¾ λίβρα αρνίσιο μπούτι χωρίς κόκαλα, κομμένο σε 3 κομμάτια και μετά κομμένο σε λεπτές φέτες κατά μήκος του κόκκου
- Αλάτι kosher
- 2 κουταλιές της σούπας κρασί από ρύζι Shaoxing
- 1 κουταλιά της σούπας σάλτσα μαύρης σόγιας
- 1 κουταλιά της σούπας ελαφριά σάλτσα σόγιας
- 1 κουταλάκι του γλυκού σάλτσα στρειδιών
- 1 κουταλάκι του γλυκού μέλι
- 1 με 2 κουταλάκια του γλυκού σησαμέλαιο
- ½ κουταλάκι του γλυκού κόκκους πιπεριού Σετσουάν
- 2 κουταλάκια του γλυκού άμυλο καλαμποκιού
- 2 κουταλιές της σούπας φυτικό λάδι
- 1 κουταλιά της σούπας καθαρισμένο και ψιλοκομμένο φρέσκο τζίντζερ
- 2 πράσα κομμένα και κομμένα σε λεπτές φέτες
- 4 σκελίδες σκόρδο, ψιλοκομμένες

ΟΔΗΓΙΕΣ:

a) Σε ένα μπολ ανάμειξης αλατοπιπερώνετε ελαφρά το αρνί με 1 με 2 πρέζες αλάτι. Ανακατεύουμε να επικαλυφθεί και αφήνουμε στην άκρη για 10 λεπτά. Σε ένα μικρό μπολ, ανακατέψτε μαζί το κρασί ρυζιού, τη μαύρη σόγια, την ελαφριά σόγια, τη σάλτσα στρειδιών, το μέλι, το σησαμέλαιο, το πιπέρι Σετσουάν και το άμυλο καλαμποκιού. Αφήνω στην άκρη.

b) Ζεσταίνουμε ένα γουόκ σε μέτρια προς δυνατή φωτιά μέχρι να ροδίσει μια σταγόνα νερού και να εξατμιστεί όταν έρθει σε επαφή. Ρίξτε το φυτικό λάδι και ανακατέψτε για να καλύψει τη βάση του γουόκ. Αλατοπιπερώστε το λάδι προσθέτοντας το τζίντζερ και μια πρέζα αλάτι. Αφήστε το τζίντζερ να ροδίσει στο λάδι για περίπου 10 δευτερόλεπτα, στροβιλίζοντας απαλά.

c) Προσθέστε το αρνί και σοτάρετε για 1 έως 2 λεπτά, στη συνέχεια αρχίστε να ανακατεύετε, ανακατεύοντας και αναποδογυρίζοντας για 2 λεπτά ακόμη ή μέχρι να μην είναι πλέον ροζ. Μεταφέρετε σε ένα καθαρό μπολ και αφήστε το στην άκρη.

d) Προσθέστε τα πράσα και το σκόρδο και ανακατέψτε για 1 έως 2 λεπτά ή μέχρι τα πράσα να γίνουν φωτεινά πράσινα και μαλακά. Μεταφέρετε στο μπολ με αρνί.

e) Ρίχνουμε μέσα το μείγμα της σάλτσας και σιγοβράζουμε για 3 με 4 λεπτά, μέχρι να μειωθεί στο μισό η σάλτσα και να γίνει γυαλιστερή. Επιστρέψτε το αρνί και τα λαχανικά στο γουόκ και ρίξτε τα να ενωθούν με τη σάλτσα.

f) Μεταφέρετε σε πιατέλα και σερβίρετε ζεστό.

77. Ταϊλανδέζικο μοσχαρίσιο βασιλικό

ΣΥΣΤΑΤΙΚΑ:

- 2 κουταλιές της σούπας λάδι
- 12 ουγγιές μοσχαρίσιο κρέας, κομμένο σε λεπτές φέτες ενάντια στο σιτάρι
- 5 σκελίδες σκόρδο, ψιλοκομμένες
- ½ κόκκινη πιπεριά, κομμένη σε λεπτές φέτες
- 1 μικρό κρεμμύδι, κομμένο σε λεπτές φέτες
- 2 κουταλάκια του γλυκού σάλτσα σόγιας
- 1 κουταλάκι του γλυκού σάλτσα μαύρης σόγιας
- 1 κουταλάκι του γλυκού σάλτσα στρειδιών
- 1 κουταλιά της σούπας σάλτσα ψαριού
- ½ κουταλάκι του γλυκού ζάχαρη
- 1 φλιτζάνι φύλλα βασιλικού Ταϊλάνδης, συσκευασμένα
- κόλιαντρο, για γαρνίρισμα

ΟΔΗΓΙΕΣ:

a) Ζεσταίνουμε το γουόκ σας σε δυνατή φωτιά και προσθέτουμε το λάδι. Σοτάρουμε το μοσχάρι μέχρι να ροδίσει. Βγάζουμε από το γουόκ και αφήνουμε στην άκρη.

b) Προσθέστε το σκόρδο και την κόκκινη πιπεριά στο γουόκ και ανακατέψτε για περίπου 20 δευτερόλεπτα.

c) Προσθέστε τα κρεμμύδια και ανακατέψτε μέχρι να ροδίσουν και να καραμελώσουν ελαφρώς.

d) Ρίξτε ξανά το βόειο κρέας, μαζί με τη σάλτσα σόγιας, τη μαύρη σάλτσα σόγιας, τη σάλτσα στρειδιών, τη σάλτσα ψαριού και τη ζάχαρη.

e) Τηγανίζουμε για άλλα λίγα δευτερόλεπτα και στη συνέχεια ρίχνουμε τον βασιλικό της Ταϊλάνδης μέχρι να μαραθεί.

f) Σερβίρουμε με ρύζι γιασεμί και γαρνίρουμε με κόλιαντρο.

78.   Κινεζικό χοιρινό μπάρμπεκιου

ΣΥΣΤΑΤΙΚΑ:

- 3 λίβρες (1,4 κιλά) χοιρινή σπάλα/ χοιρινό πισινό (επιλέξτε ένα κομμάτι με λίγο καλό λίπος πάνω του)
- ¼ φλιτζάνι (50 g) ζάχαρη
- 2 κουταλάκια αλάτι
- ½ κουταλάκι του γλυκού πέντε μπαχαρικά σε σκόνη
- ¼ κουταλάκι του γλυκού λευκό πιπέρι
- ½ κουταλάκι του γλυκού σησαμέλαιο
- 1 κουταλιά της σούπας κρασί Shaoxing ή
- Κινεζικό κρασί από δαμάσκηνο
- 1 κουταλιά της σούπας σάλτσα σόγιας
- 1 κουταλιά της σούπας σάλτσα hoisin
- 2 κουταλάκια του γλυκού μελάσα
- 3 σκελίδες σκόρδο ψιλοκομμένες
- 2 κουταλιές της σούπας μαλτόζη ή μέλι
- 1 κουταλιά της σούπας ζεστό νερό

ΟΔΗΓΙΕΣ:

a) Κόψτε το χοιρινό σε μακριές λωρίδες ή κομμάτια πάχους περίπου 3 ιντσών. Μην κόβετε το περιττό λίπος, γιατί θα ξεκολλήσει και θα προσθέσει γεύση.

b) Συνδυάστε τη ζάχαρη, το αλάτι, τη σκόνη πέντε μπαχαρικών, το λευκό πιπέρι, το σησαμέλαιο, το κρασί, τη σάλτσα σόγιας, τη σάλτσα hoisin, τη μελάσα, το χρώμα τροφίμων (αν χρησιμοποιείτε) και το σκόρδο σε ένα μπολ για να φτιάξετε τη μαρινάδα.

c) Κρατήστε περίπου 2 κουταλιές της σούπας μαρινάδα και αφήστε την στην άκρη. Τρίψτε το χοιρινό με την υπόλοιπη μαρινάδα σε ένα μεγάλο μπολ ή ταψί. Σκεπάζουμε και βάζουμε στο ψυγείο για μια νύχτα ή τουλάχιστον για 8 ώρες. Καλύψτε και φυλάξτε τη μαρινάδα που έχετε κρατήσει επίσης στο ψυγείο.

d) Προθερμάνετε το φούρνο σας στην υψηλότερη ρύθμιση (475-550 βαθμοί F ή 250-290 βαθμοί C) με μια σχάρα τοποθετημένη στο επάνω τρίτο του φούρνου. Στρώνουμε ένα ταψί με αλουμινόχαρτο και τοποθετούμε από πάνω μια μεταλλική σχάρα. Τοποθετήστε το χοιρινό στη σχάρα, αφήνοντας όσο το δυνατόν περισσότερο χώρο ανάμεσα στα κομμάτια. Ρίξτε 1 ½ φλιτζάνι νερό στο τηγάνι κάτω από τη σχάρα. Αυτό αποτρέπει το κάψιμο ή το κάπνισμα οποιασδήποτε στάλαξης.

e) Μεταφέρετε το χοιρινό στον προθερμασμένο φούρνο και ψήνετε για 25 λεπτά. Μετά από 25 λεπτά, αναποδογυρίζουμε το χοιρινό. Εάν ο πάτος του τηγανιού είναι στεγνός, προσθέστε άλλο ένα φλιτζάνι νερό. Γυρίστε το τηγάνι κατά 180 μοίρες για να εξασφαλίσετε ομοιόμορφο ψήσιμο. Ψήστε άλλα 15 λεπτά.

f) Εν τω μεταξύ, συνδυάστε την κρατημένη μαρινάδα με τη μαλτόζη ή το μέλι και 1 κουταλιά της σούπας ζεστό νερό.

g) Μετά από 40 λεπτά, αλείφουμε το χοιρινό, το αναποδογυρίζουμε και τρίβουμε και την άλλη πλευρά. Ψήνετε για τα τελευταία 10 λεπτά.

h) Μετά από 50 λεπτά, το χοιρινό πρέπει να ψηθεί και να καραμελώσει από πάνω. Εάν δεν είναι καραμελωμένο σύμφωνα με τις προτιμήσεις σας, μπορείτε να ανάψετε το μπόιλερ για μερικά λεπτά για να γίνει τραγανό εξωτερικά και να προσθέσετε λίγο χρώμα/γεύση.

79. Χοιρινά ψωμάκια BBQ στον ατμό

ΦΤΙΑΧΝΕΙ 10 ΤΟΥΛΟΥΚΙΑ

ΣΥΣΤΑΤΙΚΑ:

Για τη ζύμη ψωμιού στον ατμό:

● 1 κουταλάκι του γλυκού ξηρή ενεργή μαγιά
● ¾ φλιτζάνι ζεστό νερό
● 2 φλιτζάνια αλεύρι για όλες τις χρήσεις
● 1 φλιτζάνι άμυλο καλαμποκιού
● 5 κουταλιές της σούπας ζάχαρη
● ¼ φλιτζάνι κανόλα ή φυτικό λάδι
● 2 ½ κουταλάκια του γλυκού μπέικιν πάουντερ

Για τη γέμιση:

● 1 κουταλιά της σούπας λάδι
● ⅓ φλιτζάνι ψιλοκομμένα ασκαλώνια ή κόκκινο κρεμμύδι
● 1 κουταλιά της σούπας ζάχαρη
● 1 κουταλιά της σούπας ελαφριά σάλτσα σόγιας
● 1 ½ κουταλιά της σούπας σάλτσα στρειδιών
● 2 κουταλάκια του γλυκού σησαμέλαιο
● 2 κουταλάκια του γλυκού σάλτσα μαύρης σόγιας
● ½ φλιτζάνι ζωμός κοτόπουλου
● 2 κουταλιές της σούπας αλεύρι για όλες τις χρήσεις
● 1 ½ φλιτζάνι κινέζικο ψητό χοιρινό κρέας σε κύβους

ΟΔΗΓΙΕΣ:

a) Στο μπολ ενός ηλεκτρικού μίξερ που διαθέτει εξάρτημα με γάντζο ζύμης (μπορείτε επίσης να χρησιμοποιήσετε ένα κανονικό μπολ ανάμειξης και να το ζυμώσετε με το χέρι), διαλύστε 1 κουταλάκι του γλυκού ενεργή ξηρή μαγιά σε ¾ φλιτζάνι ζεστό νερό. Κοσκινίζουμε μαζί το αλεύρι και το άμυλο καλαμποκιού και το προσθέτουμε στο μείγμα της μαγιάς μαζί με τη ζάχαρη και το λάδι.

b) Ανάβουμε το μίξερ στη χαμηλότερη ρύθμιση και το αφήνουμε μέχρι να σχηματιστεί μια λεία μπάλα ζύμης. Σκεπάζουμε με ένα υγρό πανί και το αφήνουμε να ξεκουραστεί για 2 ώρες. (Θα προσθέσετε το μπέικιν πάουντερ αργότερα!)

c) Όσο ξεκουράζεται η ζύμη, φτιάχνουμε τη γέμιση του κρέατος. Ζεσταίνουμε 1 κουταλιά της σούπας λάδι σε ένα γουόκ σε μέτρια δυνατή φωτιά. Προσθέστε τα ασκαλώνια/κρεμμύδια και τσιγαρίστε για 1 λεπτό. Χαμηλώστε τη φωτιά σε μέτρια προς χαμηλή και προσθέστε τη ζάχαρη, την ελαφριά σάλτσα σόγιας, τη σάλτσα στρειδιών, το σησαμέλαιο και τη μαύρη σάλτσα σόγιας. Ανακατεύουμε και μαγειρεύουμε μέχρι το μείγμα να αρχίσει να βγάζει φουσκάλες. Προσθέστε το ζωμό κοτόπουλου και το αλεύρι, μαγειρεύοντας για 3 λεπτά μέχρι να πήξει. Αποσύρουμε από τη φωτιά και ανακατεύουμε το ψητό χοιρινό. Αφήνουμε στην άκρη να κρυώσει. Αν φτιάξετε τη γέμιση νωρίτερα, σκεπάστε και βάλτε το στο ψυγείο για να μην στεγνώσει.

d) Αφού ξεκουραστεί η ζύμη σας για 2 ώρες, προσθέστε το μπέικιν πάουντερ στη ζύμη και ανάψτε το μίξερ στη χαμηλότερη ρύθμιση. Σε αυτό το σημείο, αν η ζύμη φαίνεται στεγνή ή δυσκολεύεστε να ενσωματώσετε το μπέικιν πάουντερ, προσθέστε 1-2 κουταλάκια του τσαγιού νερό. Ζυμώνουμε απαλά τη ζύμη μέχρι να γίνει ξανά λεία. Σκεπάζουμε με ένα υγρό πανί και το αφήνουμε να ξεκουραστεί για άλλα 15 λεπτά. Στο μεταξύ, πάρτε ένα μεγάλο κομμάτι λαδόκολλας και κόψτε το σε τετράγωνα δέκα 4x4 ιντσών. Προετοιμάστε τον ατμομάγειρα σας βάζοντας το νερό να βράσει.

e) Τώρα είμαστε έτοιμοι να συναρμολογήσουμε τα ψωμάκια: κυλήστε τη ζύμη σε ένα μακρύ σωλήνα και χωρίστε τη σε 10 ίσα κομμάτια. Πιέστε κάθε κομμάτι ζύμης σε ένα δίσκο με διάμετρο περίπου 4½ ίντσες (θα πρέπει να είναι πιο παχύ στο κέντρο και πιο λεπτό γύρω από τις άκρες). Προσθέστε λίγη γέμιση και πιέστε τα ψωμάκια μέχρι να κλείσουν από πάνω.

f) Τοποθετήστε κάθε ψωμάκι σε ένα τετράγωνο λαδόκολλα και βράστε στον ατμό. Έψησα στον ατμό τα ψωμάκια σε δύο ξεχωριστές παρτίδες χρησιμοποιώντας ένα μπαμπού στον ατμό.

g) Μόλις βράσει το νερό, τοποθετήστε τα ψωμάκια στον ατμομάγειρα και αχνίστε κάθε παρτίδα για 12 λεπτά σε δυνατή φωτιά.

80.   Καντονέζικη χοιρινή κοιλιά

ΣΕΡΒΙ 6-8

ΣΥΣΤΑΤΙΚΑ:

- 3 κιλά πλάκα χοιρινής κοιλιάς, με δέρμα
- 2 κουταλάκια του γλυκού κρασί Shaoxing
- 2 κουταλάκια αλάτι
- 1 κουταλάκι του γλυκού ζάχαρη
- ½ κουταλάκι του γλυκού πέντε μπαχαρικά σε σκόνη
- ¼ κουταλάκι του γλυκού λευκό πιπέρι
- 1 ½ κουταλάκι του γλυκού ξύδι από κρασί ρυζιού
- ½ φλιτζάνι χοντρό θαλασσινό αλάτι

ΟΔΗΓΙΕΣ:

a) Ξεπλύνετε τη χοιρινή κοιλιά και στεγνώστε τα. Τοποθετήστε το με το δέρμα προς τα κάτω σε ένα δίσκο και τρίψτε το κρασί Shaoxing στο κρέας (όχι στη φλούδα). Ανακατεύουμε μαζί το αλάτι, τη ζάχαρη,

b) πέντε μπαχαρικά σε σκόνη και λευκό πιπέρι. Τρίψτε καλά αυτό το μείγμα μπαχαρικών και στο κρέας. Αναποδογυρίστε το κρέας ώστε να είναι με την πέτσα προς τα πάνω.

c) Έτσι, για να κάνουμε το επόμενο βήμα, υπάρχει στην πραγματικότητα ένα ειδικό εργαλείο που χρησιμοποιούν τα εστιατόρια, αλλά χρησιμοποιήσαμε απλώς ένα κοφτερό μεταλλικό σουβλάκι. Ανοίξτε συστηματικά τρύπες σε όλο το δέρμα, κάτι που θα βοηθήσει το δέρμα να γίνει τραγανό, αντί να παραμείνει λείο και δερματώδες. Όσο περισσότερες τρύπες υπάρχουν, τόσο το καλύτερο. Φροντίστε επίσης να πάνε αρκετά βαθιά. Σταματήστε ακριβώς πάνω από το στρώμα λίπους από κάτω.

d) Αφήνουμε τη χοιρινή κοιλιά να στεγνώσει στο ψυγείο ακάλυπτη, για 12-24 ώρες.

e) Προθερμάνετε τον φούρνο στους 375 βαθμούς Φ. Τοποθετήστε ένα μεγάλο κομμάτι αλουμινόχαρτο (το αλουμινόχαρτο βαρέως τύπου λειτουργεί καλύτερα) σε ένα ταψί και διπλώστε τις πλευρές γύρω από το χοιρινό σφιχτά, έτσι ώστε να δημιουργήσετε ένα είδος κουτιού γύρω του , με περίγραμμα ύψους 1 ίντσας που περιστρέφεται γύρω από τις πλευρές.

f) Βουρτσίστε το ξύδι από κρασί ρυζιού πάνω από τη φλούδα του χοιρινού. Τοποθετήστε το θαλασσινό αλάτι σε μια ομοιόμορφη στρώση πάνω από το δέρμα, έτσι ώστε το χοιρινό κρέας να καλυφθεί πλήρως. Το βάζουμε στο φούρνο και το ψήνουμε για 1 ώρα και 30 λεπτά. Εάν η χοιρινή κοιλιά σας έχει ακόμα το παϊδάκι, ψήστε για 1 ώρα και 45 λεπτά.

g) Βγάζετε το χοιρινό από το φούρνο, ανάβετε το μπόιλερ στο χαμηλό και τοποθετήστε τη σχάρα του φούρνου στη χαμηλότερη θέση. Αφαιρέστε το πάνω στρώμα του θαλασσινού αλατιού από την κοιλιά του χοιρινού, ξεδιπλώστε το αλουμινόχαρτο και τοποθετήστε μια σχάρα ψησίματος στο τηγάνι. Τοποθετήστε τη χοιρινή κοιλιά στο ράφι και ξαναβάλτε την κάτω από το κοτόπουλα για να γίνει τραγανή. Αυτό πρέπει να διαρκέσει 10-15 λεπτά.

h) Όταν το δέρμα έχει φουσκώσει και γίνει τραγανό, αφαιρέστε το από το φούρνο. Αφήστε το να ξεκουραστεί για περίπου 15 λεπτά. Κόψτε και σερβίρετε!

81. Σούπα με νουντλς καρύδας

ΣΥΣΤΑΤΙΚΑ:

- 2 κουταλιές της σούπας λάδι
- 3 σκελίδες σκόρδο, ψιλοκομμένες
- 1 κουταλιά της σούπας φρέσκο τζίντζερ, τριμμένο
- 3 κουταλιές της σούπας πάστα ταϊλανδέζικου κόκκινου κάρυ
- 8 ουγγιές στήθος ή μπούτια κοτόπουλου χωρίς κόκαλα, κομμένα σε φέτες
- 4 φλιτζάνια ζωμό κότας
- 1 φλιτζάνι νερό
- 2 κουταλιές της σούπας σάλτσα ψαριού
- ⅔ φλιτζάνι γάλα καρύδας
- 6 ουγγιές ζυμαρικά με φιδέ αποξηραμένο ρύζι
- 1 λάιμ, χυμό

ΟΔΗΓΙΕΣ:

a) Κόκκινο κρεμμύδι σε φέτες, κόκκινο τσίλι, κόλιαντρο, κρεμμύδια για γαρνίρισμα

b) Σε μια μεγάλη κατσαρόλα σε μέτρια φωτιά, προσθέστε το λάδι, το σκόρδο, το τζίντζερ και την πάστα κόκκινου κάρυ της Ταϊλάνδης. Τηγανίζουμε για 5 λεπτά, μέχρι να μυρίσουν.

c) Προσθέστε το κοτόπουλο και μαγειρέψτε για μερικά λεπτά, μέχρι να γίνει αδιαφανές το κοτόπουλο.

d) Προσθέστε το ζωμό κότας, το νερό, τη σάλτσα ψαριού και το γάλα καρύδας. Αφήστε να πάρει μια βράση.

e) Σε αυτό το σημείο, δοκιμάστε το ζωμό για αλάτι και προσαρμόστε το καρύκευμα ανάλογα.

f) Ρίξτε τη σούπα που βράζει πάνω από τα αποξηραμένα νουντλς με φιδέ στα μπολ σερβιρίσματος, προσθέστε μια στύψα από χυμό λάιμ και τις γαρνιτούρες σας και σερβίρετε. Τα noodles θα είναι έτοιμα για κατανάλωση σε λίγα λεπτά.

82. Πικάντικη σούπα νουντλς βοδινού

ΣΥΣΤΑΤΙΚΑ:

- 16 φλιτζάνια κρύο νερό
- 6 φέτες τζίντζερ
- 3 κρεμμύδια, πλυμένα και κομμένα στη μέση
- ¼ φλιτζάνι κρασί Shaoxing
- 3 λίβρες. τσοκ βοείου κρέατος, κομμένο σε κομμάτια 1½ ίντσας
- 3 κουταλιές της σούπας λάδι
- 1 έως 2 κουταλιές της σούπας κόκκους πιπεριού Σετσουάν
- 2 κεφάλια σκόρδο, καθαρισμένα
- 1 μεγάλο κρεμμύδι, κομμένο σε κύβους
- Γλυκάνισο 5 αστέρων
- 4 φύλλα δάφνης
- ¼ φλιτζανιού πικάντικη πάστα φασολιών
- 1 μεγάλη ντομάτα, κομμένη σε μικρά κομμάτια
- ½ φλιτζάνι ελαφριά σάλτσα σόγιας
- 1 κουταλιά της σούπας ζάχαρη
- 1 μεγάλο κομμάτι ξερή φλούδα μανταρινιού
- φρέσκα ή αποξηραμένα ζυμαρικά από σιτάρι της επιλογής σας
- Ψιλοκομμένο κρεμμύδι και κόλιαντρο, για γαρνίρισμα

ΟΔΗΓΙΕΣ:

a) Ζεσταίνουμε το λάδι σε μια άλλη κατσαρόλα ή μεγάλο γουόκ σε μέτρια χαμηλή φωτιά και προσθέτουμε τους κόκκους πιπεριού Σετσουάν, τις σκελίδες σκόρδου, το κρεμμύδι, τον αστεροειδή γλυκάνισο και τα φύλλα δάφνης. Μαγειρέψτε μέχρι οι σκελίδες σκόρδου και τα κομμάτια του κρεμμυδιού να αρχίσουν να μαλακώνουν (περίπου 5 - 10 λεπτά). Ανακατεύουμε με την πικάντικη πάστα φασολιών.

b) Στη συνέχεια, προσθέστε τις ντομάτες και μαγειρέψτε για δύο λεπτά. Τέλος, ανακατεύουμε με την ελαφριά σάλτσα σόγιας και τη ζάχαρη. Κλείστε τη φωτιά.

c) Τώρα, ας αφαιρέσουμε το βόειο κρέας, το τζίντζερ και τα κρεμμύδια από την 1η κατσαρόλα και τα μεταφέρουμε στη 2η κατσαρόλα. Στη συνέχεια, ρίξτε το ζωμό μέσα από ένα λεπτό διχτυωτό σουρωτήρι. Τοποθετούμε την κατσαρόλα σε δυνατή φωτιά και προσθέτουμε τη φλούδα του μανταρινιού. Σκεπάζουμε και αφήνουμε τη σούπα να πάρει μια βράση. Χαμηλώνουμε αμέσως τη φωτιά και σιγοβράζουμε για 60-90 λεπτά.

d) Αφού σιγοβράσει, σβήνουμε τη φωτιά, αλλά κρατάμε ανοιχτό το καπάκι και αφήνουμε την κατσαρόλα να καθίσει στο μάτι της κουζίνας (με κλειστή τη φωτιά) για άλλη μια ολόκληρη ώρα για να ενωθούν οι γεύσεις. Η βάση της σούπας σας είναι έτοιμη. Θυμηθείτε να φέρετε ξανά τη βάση της σούπας σε βράση πριν τη σερβίρετε.

83.   Κίτρινη σούπα αυγών

ΣΥΣΤΑΤΙΚΑ:

- 4 φλιτζάνια βιολογικό ζωμό κοτόπουλου
- ½ κουταλάκι του γλυκού σησαμέλαιο
- ½ κουταλάκι του γλυκού αλάτι
- Πρέζα ζάχαρη
- Ρίψε λευκό πιπέρι
- 5 σταγόνες κίτρινη χρωστική τροφίμων
- ¼ φλιτζάνι άμυλο καλαμποκιού αναμεμειγμένο με ½ φλιτζάνι νερό
- 3 αυγά ελαφρώς χτυπημένα
- 1 κρεμμύδι, ψιλοκομμένο

ΟΔΗΓΙΕΣ:

a) Βάζουμε τον ζωμό κοτόπουλου να σιγοβράσει σε μια μέτρια κατσαρόλα. Προσθέστε το σησαμέλαιο, το αλάτι, τη ζάχαρη και το λευκό πιπέρι.

b) Στη συνέχεια, προσθέστε τον πολτό από άμυλο καλαμποκιού

c) Αφήστε τη σούπα να σιγοβράσει για μερικά λεπτά και μετά ελέγξτε αν η συνοχή είναι της αρεσκείας σας.

d) Ρίξτε τη σούπα σε ένα μπολ, ρίξτε από πάνω ψιλοκομμένο κρεμμύδι, ρίξτε λίγο σησαμέλαιο από πάνω και σερβίρετε!

84. Απλή σούπα wonton

ΣΥΣΤΑΤΙΚΑ:

- 10 ουγγιές baby bok choy ή παρόμοιο πράσινο λαχανικό
- 1 φλιτζάνι κιμά χοιρινό
- 2 ½ κουταλιές της σούπας σησαμέλαιο
- Ρίψε λευκό πιπέρι
- 1 κουταλιά της σούπας καρυκευμένη σάλτσα σόγιας
- ½ κουταλάκι του γλυκού αλάτι
- 1 κουταλιά της σούπας κρασί Shaoxing
- 1 συσκευασία wonton skins
- 6 φλιτζάνια καλό ζωμό κοτόπουλου
- 1 κουταλιά της σούπας σησαμέλαιο
- Λευκό πιπέρι και αλάτι για γεύση
- 1 κρεμμύδι, ψιλοκομμένο

ΟΔΗΓΙΕΣ:

a) Ξεκινήστε πλένοντας καλά τα λαχανικά. Βάζουμε μια μεγάλη κατσαρόλα με νερό να βράσει και ζεματίζουμε τα λαχανικά μέχρι να μαραθούν. Στραγγίζουμε και ξεπλένουμε με κρύο νερό. Πάρτε μια καλή μάζα λαχανικών και στύψτε προσεκτικά όσο περισσότερο νερό μπορείτε. Ψιλοκόβετε πολύ τα λαχανικά (μπορείτε επίσης να επιταχύνετε τη διαδικασία ρίχνοντάς τα στον πολυκόφτη).

b) Σε ένα μεσαίο μπολ, προσθέστε τα ψιλοκομμένα λαχανικά, τον κιμά χοιρινό, το σησαμέλαιο, το λευκό πιπέρι, τη σάλτσα σόγιας, το αλάτι και το κρασί Shaoxing. Ανακατεύουμε πολύ καλά μέχρι να γαλακτωματοποιηθεί το μείγμα—σχεδόν σαν πάστα.

c) Τώρα είναι η ώρα της συναρμολόγησης! Γεμίστε ένα μικρό μπολ με νερό. Πιάστε ένα περιτύλιγμα και χρησιμοποιήστε το δάχτυλό σας για να υγράνετε τις άκρες του περιτυλίγματος. Προσθέστε λίγο πάνω από ένα κουταλάκι του γλυκού γέμιση στη μέση. Διπλώστε το περιτύλιγμα στη μέση και πιέστε τις δύο πλευρές μεταξύ τους για να έχετε μια σταθερή σφράγιση.

d) Κρατήστε τις κάτω δύο γωνίες του μικρού ορθογωνίου που μόλις φτιάξατε και φέρτε τις δύο γωνίες μαζί. Μπορείτε να χρησιμοποιήσετε λίγο νερό για να βεβαιωθείτε ότι κολλάνε. Και τέλος! Συνεχίστε τη συναρμολόγηση μέχρι να φύγει όλη η γέμιση.

Τοποθετήστε τα wontons σε ένα ταψί ή πιάτο στρωμένο με λαδόκολλα για να μην κολλήσουν.

e) Σε αυτό το σημείο, μπορείτε να καλύψετε τα wontons με πλαστική μεμβράνη, να βάλετε το ταψί/πιάτο στην κατάψυξη και να τα μεταφέρετε σε σακούλες Ziploc μόλις παγώσουν. Θα διατηρηθούν για μερικούς μήνες στην κατάψυξη και θα είναι έτοιμα για σούπα wonton όποτε το θέλετε.

f) Για να φτιάξετε τη σούπα, ζεστάνετε το ζωμό κοτόπουλου να σιγοβράσει και προσθέστε σησαμέλαιο, λευκό πιπέρι και αλάτι.

g) Φέρτε μια ξεχωριστή κατσαρόλα με νερό να βράσει. Προσθέστε προσεκτικά τα wontons ένα-ένα στην κατσαρόλα. Ανακατεύουμε για να μην κολλήσουν τα wontons στον πάτο. Εάν κολλήσουν, μην ανησυχείτε, θα πρέπει να έρθουν ελεύθερα μόλις ψηθούν. Τελειώνουν όταν επιπλέουν. Προσέχουμε να μην τα παραψήσουμε.

h) Αφαιρούμε τα wontons με μια τρυπητή κουτάλα και τα βάζουμε σε μπολ. Περιχύνουμε με τη σούπα τα wontons και γαρνίρουμε με ψιλοκομμένο κρεμμύδι. Σερβίρισμα!

85. Σούπα με σταγόνες αυγών

ΣΥΣΤΑΤΙΚΑ:

● 4 φλιτζάνια ζωμό κοτόπουλου με χαμηλή περιεκτικότητα σε νάτριο
● 2 καθαρισμένες φέτες φρέσκου τζίντζερ
● 2 σκελίδες σκόρδο, καθαρισμένες
● 2 κουταλάκια του γλυκού ελαφριά σάλτσα σόγιας
● 2 κουταλιές της σούπας άμυλο καλαμποκιού
● 3 κουταλιές της σούπας νερό
● 2 μεγάλα αυγά, ελαφρώς χτυπημένα
● 1 κουταλάκι του γλυκού σησαμέλαιο
● 2 κρεμμύδια κομμένα σε λεπτές φέτες για το γαρνίρισμα

ΟΔΗΓΙΕΣ:

a) Σε ένα γουόκ ή μια κατσαρόλα, ανακατέψτε το ζωμό, το τζίντζερ, το σκόρδο και την ελαφριά σόγια και αφήστε τα να βράσουν. Χαμηλώνουμε σε βράση και μαγειρεύουμε για 5 λεπτά. Αφαιρέστε και πετάξτε το τζίντζερ και το σκόρδο.

b) Σε ένα μικρό μπολ ανακατεύουμε το καλαμποκάλευρο και το νερό και ανακατεύουμε το μείγμα στο γουόκ.

c) Χαμηλώνουμε τη φωτιά μέχρι να σιγοβράσει. Βουτήξτε ένα πιρούνι στα χτυπημένα αυγά και μετά σύρετέ το μέσα από τη σούπα, ανακατεύοντας απαλά καθώς προχωράτε. Σιγοβράζουμε τη σούπα ανενόχλητη για λίγα λεπτά για να δέσει τα αυγά. Ρίξτε το σησαμέλαιο και ρίξτε τη σούπα σε μπολ σερβιρίσματος. Γαρνίρουμε με τα κρεμμύδια.

86. Ρύζι τηγανητό αυγό

ΣΥΣΤΑΤΙΚΑ:

- 5 φλιτζάνια μαγειρεμένο ρύζι
- 5 μεγάλα αυγά (μοιρασμένα)
- 2 κουταλιές της σούπας νερό
- ¼ κουταλάκι του γλυκού πάπρικα
- ¼ κουταλάκι του γλυκού κουρκουμά
- 3 κουταλιές της σούπας λάδι (μοιρασμένο)
- 1 μέτριο κρεμμύδι, ψιλοκομμένο
- ½ κόκκινη πιπεριά, ψιλοκομμένη
- ½ φλιτζάνι μπιζέλια κατεψυγμένα, αποψυγμένα
- 1 ½ κουταλάκι του γλυκού αλάτι
- ¼ κουταλάκι του γλυκού ζάχαρη
- ¼ κουταλάκι του γλυκού μαύρο πιπέρι
- 2 κρεμμύδια, ψιλοκομμένα

ΟΔΗΓΙΕΣ:

a) Χρησιμοποιήστε ένα πιρούνι για να αφρατέψετε το ρύζι και να το σπάσετε. Αν χρησιμοποιείτε φρεσκοψημένο ρύζι, αφήστε το να σταθεί στον πάγκο ακάλυπτο μέχρι να σταματήσει να αχνίζει πριν το αφρατέψετε.

b) Χτυπάμε 3 αυγά σε ένα μπολ. Χτυπάμε τα άλλα 2 αυγά σε ένα άλλο μπολ, μαζί με 2 κουταλιές της σούπας νερό, την πάπρικα και τον κουρκουμά. Αφήστε αυτά τα δύο μπολ στην άκρη.

c) Ζεσταίνουμε ένα γουόκ σε μέτρια δυνατή φωτιά και προσθέτουμε 2 κουταλιές της σούπας λάδι. Προσθέστε τα 3 αυγά χτυπημένα (χωρίς τα μπαχαρικά) και ανακατέψτε τα. Τα βγάζουμε από το γουόκ και τα αφήνουμε στην άκρη.

d) Ζεσταίνουμε το γουόκ σε δυνατή φωτιά και προσθέτουμε την τελευταία κουταλιά της σούπας λάδι. Προσθέστε το κρεμμύδι σε κυβάκια και την πιπεριά. Τηγανίζουμε για 1-2 λεπτά. Στη συνέχεια, προσθέστε το ρύζι και ανακατέψτε για 2 λεπτά, χρησιμοποιώντας μια κίνηση για να ζεσταθεί ομοιόμορφα το ρύζι. Χρησιμοποιήστε τη σπάτουλα γουόκ για να ισιώσετε και να σπάσετε τυχόν συστάδες ρυζιού.

e) Στη συνέχεια, ρίξτε το υπόλοιπο άψητο μείγμα αυγών και μπαχαρικών πάνω στο ρύζι και ανακατέψτε για περίπου 1 λεπτό, μέχρι να καλυφθούν όλοι οι κόκκοι του ρυζιού στο αυγό.

f) Προσθέτουμε τον αρακά και ανακατεύουμε συνεχώς για άλλο ένα λεπτό. Στη συνέχεια απλώστε το αλάτι, τη ζάχαρη και το μαύρο πιπέρι πάνω στο ρύζι και ανακατέψτε. Θα πρέπει τώρα να δείτε λίγο ατμό να βγαίνει από το ρύζι, πράγμα που σημαίνει ότι θερμαίνεται.

87. Κλασικό χοιρινό τηγανητό ρύζι

ΣΥΣΤΑΤΙΚΑ:

- 1 κουταλιά της σούπας ζεστό νερό
- 1 κουταλάκι του γλυκού μέλι
- 1 κουταλάκι του γλυκού σησαμέλαιο
- 1 κουταλάκι του γλυκού κρασί Shaoxing
- 1 κουταλιά της σούπας σάλτσα σόγιας
- 1 κουταλάκι του γλυκού σάλτσα μαύρης σόγιας
- ¼ κουταλάκι του γλυκού λευκό πιπέρι
- 5 φλιτζάνια μαγειρεμένο λευκό ρύζι
- 1 κουταλιά της σούπας λάδι
- 1 μέτριο κρεμμύδι, κομμένο σε κύβους
- 1 κιλό κινέζικο χοιρινό BBQ, κομμένο σε κομμάτια
- 2 αυγά, ομελέτα
- ½ φλιτζάνι φύτρα mung bean
- 2 κρεμμύδια, ψιλοκομμένα

ΟΔΗΓΙΕΣ:

a) Ξεκινήστε συνδυάζοντας το ζεστό νερό, το μέλι, το σησαμέλαιο, το κρασί Shaoxing, τη σάλτσα σόγιας, τη μαύρη σάλτσα σόγιας και το λευκό πιπέρι σε ένα μικρό μπολ.

b) Πάρτε το μαγειρεμένο ρύζι σας και αφρατέψτε το με ένα πιρούνι ή με τα χέρια σας.

c) Με το γουόκ σε μέτρια φωτιά, προσθέτουμε μια κουταλιά της σούπας λάδι και σοτάρουμε τα κρεμμύδια μέχρι να γίνουν διάφανα. Προσθέστε το ψητό χοιρινό. Προσθέτουμε το ρύζι και ανακατεύουμε καλά. Προσθέστε το μείγμα της σάλτσας και το αλάτι και ανακατέψτε με μια κίνηση μέχρι το ρύζι να καλυφθεί ομοιόμορφα με τη σάλτσα.

d) Ρίξτε μέσα τα αυγά σας, τα φύτρα φασολιών και τα κρεμμύδια. Ανακατεύουμε καλά για ένα ή δύο λεπτά και σερβίρουμε!

88. Μεθυσμένα νουντλς

ΣΥΣΤΑΤΙΚΑ:

Για το κοτόπουλο και τη μαρινάδα:

- 2 κουταλιές της σούπας νερό
- 12 ουγγιές μπούτια κοτόπουλου ή στήθος κοτόπουλου σε φέτες
- 1 κουταλάκι του γλυκού σάλτσα σόγιας
- 1 κουταλάκι λάδι
- 2 κουταλάκια του γλυκού άμυλο καλαμποκιού

Για το υπόλοιπο πιάτο:

- 8 ουγκιές φαρδιά νουντλς αποξηραμένου ρυζιού, μαγειρεμένα
- 1 ½ κουταλάκι του γλυκού καστανή ζάχαρη, διαλυμένη σε 1 κουταλιά της σούπας ζεστό νερό
- 2 κουταλάκια του γλυκού σάλτσα σόγιας
- 1 κουταλάκι του γλυκού σάλτσα μαύρης σόγιας
- 1 κουταλιά της σούπας σάλτσα ψαριού
- 2 κουταλάκια του γλυκού σάλτσα στρειδιών
- πρέζα αλεσμένο λευκό πιπέρι
- 3 κουταλιές της σούπας φυτικό ή λάδι κανόλας (μοιρασμένο)
- 3 σκελίδες σκόρδο, κομμένες σε φέτες
- ¼ κουταλάκι του γλυκού φρέσκο τριμμένο τζίντζερ
- 2 ασκαλώνια, κομμένα σε φέτες (περίπου ⅓ φλιτζάνια)
- 1 κρεμμύδι, κομμένο σε κομμάτια 3 ιντσών
- 4 κόκκινες πιπεριές τσίλι Ταϊλάνδης, ξεσποριασμένες και ξεφλουδισμένες
- 1 φλιτζάνι αγιασμένος βασιλικός ή βασιλικός της Ταϊλάνδης χαλαρά συσκευασμένος
- 5 με 6 κομμάτια baby καλαμπόκι, χωρισμένα στη μέση (προαιρετικά)
- 2 κουταλάκια του γλυκού κρασί Shaoxing

ΟΔΗΓΙΕΣ:

α) Δουλέψτε με τα χέρια σας τις 2 κουταλιές της σούπας νερό στο κοτόπουλο κομμένο σε φέτες μέχρι το κοτόπουλο να απορροφήσει τα υγρά. Προσθέστε τη σάλτσα σόγιας, το λάδι, το άμυλο καλαμποκιού και ανακατέψτε μέχρι το κοτόπουλο να επικαλύπτεται ομοιόμορφα. Αφήνουμε στην άκρη για 20 λεπτά.

b) Ανακατεύουμε μαζί το διαλυμένο μείγμα καστανής ζάχαρης, τις σάλτσες σόγιας, τη σάλτσα ψαριού, τη σάλτσα στρειδιών και το λευκό πιπέρι σε ένα μικρό μπολ και αφήνουμε στην άκρη.

c) Ζεστάνετε το γουόκ σας μέχρι να καπνίσει και απλώστε 2 κουταλιές της σούπας λάδι στην περίμετρο του γουόκ. Προσθέστε το κοτόπουλο και αφήστε το να μαγειρευτεί για 1 λεπτό από κάθε πλευρά μέχρι να ψηθεί περίπου κατά 90%. Βγάζουμε από το γουόκ και αφήνουμε στην άκρη. Εάν η θερμότητα ήταν αρκετά υψηλή και ψήνατε σωστά το κρέας, το γουόκ σας θα πρέπει να είναι ακόμα καθαρό χωρίς να κολλάει τίποτα πάνω του. Αν όχι, μπορείτε να πλύνετε το γουόκ για να μην κολλήσουν τα νουντλς ρυζιού.

d) Συνεχίζουμε με το γουόκ σε δυνατή φωτιά και προσθέτουμε 1 κουταλιά της σούπας λάδι, μαζί με το σκόρδο και το τριμμένο τζίντζερ.

e) Μετά από λίγα δευτερόλεπτα προσθέτουμε τα ασκαλώνια. Τηγανίζουμε για 20 δευτερόλεπτα και προσθέτουμε τα κρεμμύδια, τις πιπεριές τσίλι, τον βασιλικό, το baby corn και το κρασί Shaoxing. Τηγανίζουμε για άλλα 20 δευτερόλεπτα και προσθέτουμε τα νουντλς ρυζιού. Χρησιμοποιήστε μια κίνηση για να ανακατέψετε τα πάντα για άλλο ένα λεπτό μέχρι να ζεσταθούν τα ζυμαρικά.

f) Στη συνέχεια, προσθέστε το έτοιμο μείγμα σάλτσας και ανακατέψτε στην υψηλότερη φωτιά για περίπου 1 λεπτό μέχρι τα noodles να αποκτήσουν ομοιόμορφο χρώμα. Φροντίστε να χρησιμοποιήσετε τη μεταλλική σας σπάτουλα για να ξύσετε το κάτω μέρος του γουόκ για να μην κολλήσει.

g) Προσθέστε το ψημένο κοτόπουλο και ανακατέψτε για άλλα 1 με 2 λεπτά. Σερβίρισμα!

89.   Sichuan και noodles

ΣΥΣΤΑΤΙΚΑ:

ΓΙΑ ΤΟ ΛΑΔΙ ΤΣΙΛΙ:

- 2 κουταλιές της σούπας πιπέρι Σετσουάν-κόρτες
- Κομμάτι κανέλας μήκους 1 ίντσας
- Γλυκάνισο 2 αστέρων
- 1 φλιτζάνι λάδι
- ¼ φλιτζανιού θρυμματισμένες νιφάδες κόκκινης πιπεριάς

ΓΙΑ ΤΟ ΚΡΕΑΣ ΚΑΙ ΤΟ SUI MI YA CAI:

- 3 κουταλάκια του γλυκού λάδι (μοιρασμένο)
- 8 ουγγιές κιμά χοιρινό
- 2 κουταλάκια του γλυκού σάλτσα φασολιών ή σάλτσα hoisin
- 2 κουταλάκια του γλυκού κρασί Shaoxing
- 1 κουταλάκι του γλυκού σάλτσα μαύρης σόγιας
- ½ κουταλάκι του γλυκού πέντε μπαχαρικά σε σκόνη
- ⅓ φλιτζάνι sui mi Ya cai

ΓΙΑ ΤΗ ΣΑΛΤΣΑ:

- 2 κουταλιές της σούπας πάστα σουσαμιού (ταχίνι)
- 3 κουταλιές της σούπας σάλτσα σόγιας
- 2 κουταλάκια του γλυκού ζάχαρη
- ¼ κουταλάκι του γλυκού πέντε μπαχαρικά σε σκόνη
- ½ κουταλάκι του γλυκού σε σκόνη πιπεριού Σετσουάν
- ½ φλιτζάνι από το έτοιμο λάδι τσίλι
- 2 σκελίδες σκόρδο, πολύ ψιλοκομμένες
- ¼ φλιτζάνι ζεστό νερό μαγειρέματος από τα noodles

ΓΙΑ ΤΑ νουντλς και τα λαχανικά:

- 1 κιλό φρέσκα ή αποξηραμένα λευκά noodles, μεσαίου πάχους
- 1 μικρό ματσάκι φυλλώδη πράσινα (σπανάκι, μποκ τσόι ή τσόι sum)

ΓΙΑ ΣΥΝΑΡΜΟΛΟΓΗΣΗ:

- φιστίκια ψιλοκομμένα (προαιρετικά)
- ψιλοκομμένο κρεμμύδι

ΟΔΗΓΙΕΣ:

a) Για να φτιάξετε το μείγμα κρέατος: Σε ένα γουόκ, ζεστάνετε ένα κουταλάκι του γλυκού λάδι σε μέτρια φωτιά και ροδίζετε το κιμά χοιρινό. Προσθέστε τη σάλτσα γλυκών φασολιών, το κρασί Shaoxing, τη μαύρη σάλτσα σόγιας και τη σκόνη πέντε μπαχαρικών. Μαγειρέψτε μέχρι να εξατμιστούν όλα τα υγρά. Αφήνω στην άκρη. Ζεσταίνουμε τα άλλα 2 κουταλάκια του γλυκού λάδι στο γουόκ σε μέτρια φωτιά και σοτάρουμε το sui mi ya cai (τουρσί) για λίγα λεπτά. Αφήνω στην άκρη.

b) Για να φτιάξετε τη σάλτσα: Ανακατέψτε όλα τα υλικά της σάλτσας. Δοκιμάστε και προσαρμόστε τα καρυκεύματα αν θέλετε. Μπορείτε να το χαλαρώσετε με περισσότερο ζεστό νερό, προσθέστε περισσότερη σκόνη πιπεριού Σετσουάν.

c) Για να ετοιμάσετε τα νουντλς και τα λαχανικά: Βράζετε τα νουντλς σύμφωνα με τις οδηγίες της συσκευασίας και τα στραγγίζετε. Σβήνουμε τα χόρτα στο νερό με τα ζυμαρικά και τα στραγγίζουμε.

d) Μοιράζουμε τη σάλτσα σε τέσσερα μπολ, ακολουθούμενα από τα noodles και τα φυλλώδη χόρτα. Προσθέστε το μαγειρεμένο χοιρινό και το sui mi ya cai από πάνω. Πασπαλίζουμε με ψιλοκομμένα φιστίκια (προαιρετικά) και κρεμμύδι.

e) Ανακατέψτε τα όλα μαζί και απολαύστε!

90. Καυτή και ξινή σούπα

ΣΥΣΤΑΤΙΚΑ:

● 4 ουγγιές χοιρινό φιλέτο χωρίς κόκαλα, κομμένο σε λωρίδες πάχους ¼ ίντσας

● 1 κουταλιά της σούπας σάλτσα μαύρης σόγιας

● 4 αποξηραμένα μανιτάρια shiitake

● 8 αποξηραμένα μανιτάρια αυτιών δέντρων

● 1 ½ κουταλιά της σούπας άμυλο καλαμποκιού

● ¼ φλιτζάνι ξίδι ρυζιού χωρίς καρυκεύματα

● 2 κουταλιές της σούπας ελαφριά σάλτσα σόγιας

● 2 κουταλάκια του γλυκού ζάχαρη

● 1 κουταλάκι του γλυκού λάδι τσίλι

● 1 κουταλάκι του γλυκού αλεσμένο λευκό πιπέρι

● 2 κουταλιές της σούπας φυτικό λάδι

● 1 καθαρισμένη φρέσκια φέτα τζίντζερ, περίπου στο μέγεθος του ενός τετάρτου

● Αλάτι kosher

● 4 φλιτζάνια ζωμό κοτόπουλου με χαμηλή περιεκτικότητα σε νάτριο

● 4 ουγγιές σφιχτό τόφου, ξεπλυμένο και κομμένο σε λωρίδες ¼ ιντσών

● 1 μεγάλο αυγό, ελαφρά χτυπημένο

● 2 κρεμμύδια κομμένα σε λεπτές φέτες για το γαρνίρισμα

ΟΔΗΓΙΕΣ:

a) Σε ένα μπολ, ρίξτε το χοιρινό και τη μαύρη σόγια να καλυφθούν. Αφήνω στην άκρη.

b) Τοποθετούμε και τα δύο μανιτάρια σε ένα αντιθερμικό μπολ και τα σκεπάζουμε με βραστό νερό. Μουλιάζουμε τα μανιτάρια μέχρι να μαλακώσουν, περίπου 20 λεπτά. Ρίξτε ¼ φλιτζάνι από το νερό των μανιταριών σε ένα ποτήρι μεζούρα και αφήστε το στην άκρη. Στραγγίζουμε και πετάμε το υπόλοιπο υγρό. Κόψτε σε λεπτές φέτες τα μανιτάρια shiitake και κόψτε τα μανιτάρια αυτιών δέντρων σε κομμάτια μεγέθους μπουκιάς. Επιστρέψτε και τα δύο μανιτάρια στο μπολ και αφήστε τα στην άκρη.

c) Ανακατέψτε το άμυλο καλαμποκιού στο κρατημένο υγρό μανιταριών μέχρι να διαλυθεί το άμυλο καλαμποκιού. Ανακατέψτε το ξύδι, τη σόγια ελαφριά, τη ζάχαρη, το λάδι τσίλι και το λευκό πιπέρι μέχρι να διαλυθεί η ζάχαρη. Αφήνω στην άκρη.

d) Ζεσταίνουμε ένα γουόκ σε μέτρια προς δυνατή φωτιά μέχρι να ροδίσει μια σταγόνα νερού και να εξατμιστεί όταν έρθει σε επαφή. Ρίξτε το φυτικό λάδι και ανακατέψτε για να καλύψει τη βάση του γουόκ. Αλατοπιπερώστε το λάδι προσθέτοντας το τζίντζερ και μια πρέζα αλάτι. Αφήστε το τζίντζερ να ροδίσει στο λάδι για περίπου 30 δευτερόλεπτα, στροβιλίζοντας απαλά.

e) Μεταφέρετε το χοιρινό στο γουόκ και ανακατεύετε για περίπου 3 λεπτά, μέχρι το χοιρινό να μην είναι πλέον ροζ. Αφαιρέστε το τζίντζερ και πετάξτε. Προσθέτουμε το ζωμό και αφήνουμε να πάρει μια βράση. Αφήνουμε να σιγοβράσει και ανακατεύουμε τα μανιτάρια. Ανακατεύουμε το τόφου και σιγοβράζουμε για 2 λεπτά. Προσθέστε το μείγμα με το καλαμποκάλευρο και επαναφέρετε τη φωτιά σε μέτρια προς δυνατή, ανακατεύοντας μέχρι να πήξει η σούπα, περίπου 30 δευτερόλεπτα. Χαμηλώνουμε τη φωτιά μέχρι να σιγοβράσει.

f) Βουτήξτε ένα πιρούνι στο χτυπημένο αυγό και μετά σύρετέ το μέσα από τη σούπα, ανακατεύοντας απαλά καθώς προχωράτε.

91. Χοιρινό κρέας

ΣΥΣΤΑΤΙΚΑ:

- 10 φλιτζάνια νερό
- ¾ φλιτζάνι ρύζι γιασεμί, ξεπλυμένο και στραγγισμένο
- 1 κουταλάκι του γλυκού αλάτι kosher
- 2 κουταλάκια του γλυκού καθαρισμένο κιμά φρέσκο τζίντζερ
- 2 σκελίδες σκόρδο, ψιλοκομμένες
- 1 κουταλιά της σούπας ελαφριά σάλτσα σόγιας, συν περισσότερη για το σερβίρισμα
- 2 κουταλάκια του γλυκού κρασί από ρύζι Shaoxing
- 2 κουταλάκια του γλυκού άμυλο καλαμποκιού
- 6 ουγγιές κιμά χοιρινό
- 2 κουταλιές της σούπας φυτικό λάδι
- Κινέζικα λαχανικά τουρσί, κομμένα σε λεπτές φέτες, για το σερβίρισμα (προαιρετικά)
- Λάδι κρεμμυδιού-τζίντζερ, για το σερβίρισμα (προαιρετικά)
- Τηγανισμένο λάδι τσίλι, για το σερβίρισμα (προαιρετικά)
- Σησαμέλαιο, για το σερβίρισμα (προαιρετικά)

ΟΔΗΓΙΕΣ:

a) Σε μια κατσαρόλα με βαρύ πάτο βάζετε το νερό να βράσει. Προσθέτουμε το ρύζι και το αλάτι και χαμηλώνουμε τη φωτιά να σιγοβράσει. Καλύψτε και μαγειρέψτε, ανακατεύοντας περιστασιακά, για περίπου 1 ½ ώρα, μέχρι το ρύζι να γίνει μια μαλακή υφή σαν χυλός.

b) Ενώ το μαγειρευτό μαγειρεύεται, σε ένα μεσαίο μπολ, ανακατέψτε μαζί το τζίντζερ, το σκόρδο, τη σόγια ελαφριά, το κρασί ρυζιού και το άμυλο καλαμποκιού. Προσθέστε το χοιρινό και αφήστε το να μαριναριστεί για 15 λεπτά.

c) Ζεσταίνουμε ένα γουόκ σε μέτρια προς δυνατή φωτιά μέχρι να ροδίσει μια σταγόνα νερού και να εξατμιστεί όταν έρθει σε επαφή. Ρίξτε το φυτικό λάδι και ανακατέψτε για να καλύψει τη βάση του γουόκ. Προσθέστε το χοιρινό και τηγανίστε, ανακατεύοντας και σπάζοντας το κρέας, περίπου 2 λεπτά.

d) Μαγειρέψτε για άλλα 1 με 2 λεπτά χωρίς να ανακατεύετε για να καραμελώσει.

e) Σερβίρετε το μαλακό σε μπολ σούπας με το τηγανισμένο χοιρινό κρέας. Γαρνίρετε με τις επικαλύψεις της επιλογής σας.

92. Τηγανητό ρύζι με γαρίδες, αυγά και κρεμμύδια

ΣΥΣΤΑΤΙΚΑ:

● 2 κουταλιές της σούπας φυτικό λάδι

● Αλάτι kosher

● 1 μεγάλο αυγό, χτυπημένο

● ½ κιλό γαρίδες (οποιουδήποτε μεγέθους), ξεφλουδισμένες, ξεφλουδισμένες και κομμένες σε κομμάτια μεγέθους μπουκιάς

● 1 κουταλάκι του γλυκού καθαρισμένο και ψιλοκομμένο φρέσκο τζίντζερ

● 2 σκελίδες σκόρδο, ψιλοκομμένες

● ½ φλιτζάνι κατεψυγμένα μπιζέλια και καρότα

● 2 κρεμμύδια, κομμένα σε λεπτές φέτες, χωρισμένα

● 3 φλιτζάνια κρύο μαγειρεμένο ρύζι

● 3 κουταλιές της σούπας ανάλατο βούτυρο

● 1 κουταλιά της σούπας ελαφριά σάλτσα σόγιας

● 1 κουταλιά της σούπας σησαμέλαιο

ΟΔΗΓΙΕΣ:

a) Ζεσταίνουμε ένα γουόκ σε μέτρια προς δυνατή φωτιά μέχρι να ροδίσει μια σταγόνα νερού και να εξατμιστεί όταν έρθει σε επαφή. Ρίξτε το φυτικό λάδι και ανακατέψτε για να καλύψει τη βάση του γουόκ. Αλατοπιπερώνουμε το λάδι προσθέτοντας μια μικρή πρέζα αλάτι. Προσθέστε το αυγό και ανακατέψτε γρήγορα.

b) Σπρώξτε το αυγό στις πλευρές του γουόκ για να δημιουργήσετε έναν κεντρικό δακτύλιο και προσθέστε τις γαρίδες, το τζίντζερ και το σκόρδο μαζί. Τηγανίζουμε τις γαρίδες με μια μικρή πρέζα αλάτι για 2 με 3 λεπτά, μέχρι να γίνουν αδιαφανείς και ροζ. Προσθέστε τον αρακά και τα καρότα και το μισό κρεμμύδι και τσιγαρίστε για άλλο ένα λεπτό.

c) Προσθέστε το ρύζι, σπάζοντας τυχόν μεγάλα κομμάτια, και ανακατέψτε και αναποδογυρίστε να ενωθούν όλα τα υλικά. Τηγανίστε για 1 λεπτό και στη συνέχεια σπρώξτε το όλο στα πλαϊνά του γουόκ, αφήνοντας ένα πηγάδι στο κάτω μέρος του γουόκ.

d) Προσθέστε το βούτυρο και την ελαφριά σόγια, αφήστε το βούτυρο να λιώσει και να σχηματίσει φουσκάλες και μετά ανακατέψτε τα όλα μαζί για να επικαλυφθούν, περίπου 30 δευτερόλεπτα.

e) Απλώστε το τηγανισμένο ρύζι σε μια ομοιόμορφη στρώση στο γουόκ και αφήστε το ρύζι να καθίσει πάνω στο γουόκ για περίπου 2 λεπτά για να γίνει ελαφρώς τραγανό. Περιχύνετε με το σησαμέλαιο και αλατοπιπερώνετε με άλλη μια μικρή πρέζα αλάτι. Μεταφέρετε σε πιατέλα και σερβίρετε αμέσως, γαρνίροντας με το υπόλοιπο κρεμμύδι.

93. Καπνιστή πέστροφα τηγανητό ρύζι

ΣΥΣΤΑΤΙΚΑ:

- 2 μεγάλα αυγά
- 1 κουταλάκι του γλυκού σησαμέλαιο
- Αλάτι kosher
- Αλεσμένο λευκό πιπέρι
- 1 κουταλιά της σούπας ελαφριά σάλτσα σόγιας
- ½ κουταλάκι του γλυκού ζάχαρη
- 3 κουταλιές της σούπας γκι ή φυτικό λάδι, χωρισμένες
- 1 κουταλάκι του γλυκού καθαρισμένο και ψιλοκομμένο φρέσκο τζίντζερ
- 2 σκελίδες σκόρδο, ψιλοκομμένες
- 3 φλιτζάνια κρύο μαγειρεμένο ρύζι
- 4 ουγγιές καπνιστή πέστροφα, σπασμένη σε κομμάτια μεγέθους μπουκιάς
- ½ φλιτζάνι λεπτές καρδιές μαρούλι ρομά
- 2 κρεμμυδάκια, κομμένα σε λεπτές φέτες
- ½ κουταλάκι του γλυκού λευκό σουσάμι

ΟΔΗΓΙΕΣ:

a) Σε ένα μεγάλο μπολ, χτυπήστε τα αυγά με το σησαμέλαιο και μια πρέζα αλάτι και άσπρο πιπέρι μέχρι να ενωθούν. Σε ένα μικρό μπολ, ανακατέψτε την ελαφριά σόγια και τη ζάχαρη μαζί για να διαλυθεί η ζάχαρη. Αφήνω στην άκρη.

b) Ζεσταίνουμε ένα γουόκ σε μέτρια προς δυνατή φωτιά μέχρι να ροδίσει μια σταγόνα νερού και να εξατμιστεί όταν έρθει σε επαφή. Ρίχνουμε μέσα 1 κουταλιά της σούπας γκί και ανακατεύουμε να καλύψει τη βάση του γουόκ. Προσθέστε το μείγμα των αυγών και, χρησιμοποιώντας μια θερμαντική σπάτουλα, ανακινήστε και ανακινήστε τα αυγά να ψηθούν. Μεταφέρετε τα αυγά σε πιατέλα μόλις ψηθούν αλλά όχι στεγνά.

c) Προσθέστε τις υπόλοιπες 2 κουταλιές της σούπας ghee στο γουόκ, μαζί με το τζίντζερ και το σκόρδο. Τηγανίζουμε γρήγορα μέχρι να γίνουν αρωματικά το σκόρδο και το τζίντζερ, αλλά προσέξτε να μην καούν. Προσθέστε το μείγμα ρυζιού και σόγιας και ανακατέψτε να ενωθούν. Συνεχίστε το τηγάνισμα, περίπου 3 λεπτά. Προσθέστε την πέστροφα και το μαγειρεμένο αυγό και ανακατέψτε για να σπάσουν, περίπου 20 δευτερόλεπτα. Προσθέστε το μαρούλι και το κρεμμύδι και ανακατέψτε μέχρι να γίνουν και τα δύο έντονο πράσινο.

d) Μεταφέρουμε σε πιατέλα και πασπαλίζουμε με το σουσάμι.

94. Σπαμ Τηγανητό Ρύζι

ΣΥΣΤΑΤΙΚΑ:

- 1 κουταλιά της σούπας φυτικό λάδι
- 2 καθαρισμένες φέτες φρέσκου τζίντζερ
- Αλάτι kosher
- 1 (12 ουγγιές) κουτί Spam, κομμένο σε κύβους ½ ίντσας
- ½ λευκό κρεμμύδι, κομμένο σε κύβους ¼ ίντσας
- 2 σκελίδες σκόρδο, ψιλοκομμένες
- ½ φλιτζάνι κατεψυγμένα μπιζέλια και καρότα
- 2 κρεμμύδια, κομμένα σε λεπτές φέτες, χωρισμένα
- 3 φλιτζάνια κρύο μαγειρεμένο ρύζι
- ½ φλιτζάνι κονσέρβες σε κομμάτια ανανά, με δεσμευμένους χυμούς
- 3 κουταλιές της σούπας ανάλατο βούτυρο
- 2 κουταλιές της σούπας ελαφριά σάλτσα σόγιας
- 1 κουταλάκι του γλυκού sriracha
- 1 κουταλάκι του γλυκού καστανή ζάχαρη
- 1 κουταλιά της σούπας σησαμέλαιο

ΟΔΗΓΙΕΣ:

a) Ζεσταίνουμε ένα γουόκ σε μέτρια προς δυνατή φωτιά μέχρι να ροδίσει μια σταγόνα νερού και να εξατμιστεί όταν έρθει σε επαφή. Ρίξτε το φυτικό λάδι και ανακατέψτε για να καλύψει τη βάση του γουόκ. Αλατοπιπερώστε το λάδι προσθέτοντας το τζίντζερ και μια μικρή πρέζα αλάτι. Αφήστε το τζίντζερ να ροδίσει στο λάδι για περίπου 30 δευτερόλεπτα, στροβιλίζοντας απαλά.

b) Προσθέστε το Spam σε κύβους και απλώστε το ομοιόμορφα στο κάτω μέρος του wok. Αφήστε το Spam να ψηθεί πριν το πετάξετε και το αναποδογυρίσετε. Συνεχίστε να ανακατεύετε το Spam για 5 έως 6 λεπτά, μέχρι να γίνει χρυσαφένιο και τραγανό από όλες τις πλευρές.

c) Προσθέστε το κρεμμύδι και το σκόρδο και ανακατέψτε για περίπου 2 λεπτά, μέχρι το κρεμμύδι να αρχίσει να φαίνεται ημιδιαφανές. Προσθέστε τον αρακά και τα καρότα και τα μισά κρεμμύδια. Τηγανίζουμε για άλλο ένα λεπτό.

d) Ρίξτε μέσα το ρύζι και τον ανανά, σπάζοντας τυχόν μεγάλες συστάδες ρυζιού, και ρίξτε και αναποδογυρίστε για να ενωθούν όλα τα υλικά. Τηγανίστε για 1 λεπτό και στη συνέχεια σπρώξτε το όλο στα πλαϊνά του γουόκ, αφήνοντας ένα πηγάδι στο κάτω μέρος του γουόκ.

e) Προσθέστε το βούτυρο, τον κρατημένο χυμό ανανά, τη σόγια ελαφριά, τη σριράτσα και την καστανή ζάχαρη. Ανακατεύουμε να διαλυθεί η ζάχαρη και φέρνουμε τη σάλτσα σε βράση και στη συνέχεια μαγειρεύουμε για περίπου ένα λεπτό για να μειωθεί η σάλτσα και να πήξει ελαφρώς. Συνδυάστε τα πάντα για να επικαλυφθούν, περίπου 30 δευτερόλεπτα.

f) Απλώστε το τηγανισμένο ρύζι σε μια ομοιόμορφη στρώση στο γουόκ και αφήστε το ρύζι να ακουμπήσει στο γουόκ για να γίνει ελαφρώς τραγανό, περίπου 2 λεπτά. Αφαιρέστε το τζίντζερ και πετάξτε. Περιχύνετε με το σησαμέλαιο και αλατοπιπερώνετε με άλλη μια μικρή πρέζα αλάτι. Μεταφέρετε σε πιατέλα και γαρνίρετε με τα υπόλοιπα κρεμμυδάκια. Σερβίρετε αμέσως.

95. Ρύζι στον ατμό με Lap Cheung και Bok Choy

ΣΥΣΤΑΤΙΚΑ:

● 1 ½ φλιτζάνι ρύζι γιασεμί

● Σύνδεσμοι Cheung (κινέζικο λουκάνικο) 4 γύρων ή ισπανικό chorizo

● 4 κεφαλές baby bok choy, το καθένα κομμένο σε 6 φέτες

● ¼ φλιτζάνι φυτικό λάδι

● 1 μικρό ασκαλώνιο, κομμένο σε λεπτές φέτες

● Κομμάτι φρέσκου τζίντζερ 1 ίντσας, ξεφλουδισμένο και ψιλοκομμένο

● 1 σκελίδα σκόρδο, ξεφλουδισμένη και ψιλοκομμένη

● 2 κουταλάκια του γλυκού ελαφριά σάλτσα σόγιας

● 1 κουταλιά της σούπας σάλτσα μαύρης σόγιας

● 2 κουταλάκια του γλυκού κρασί από ρύζι Shaoxing

● 1 κουταλάκι του γλυκού σησαμέλαιο

● Ζάχαρη

ΟΔΗΓΙΕΣ:

a) Σε ένα μπολ ανάμειξης, ξεπλύνετε και στραγγίστε το ρύζι 3 ή 4 φορές κάτω από κρύο νερό, ρίξτε το ρύζι στο νερό για να ξεπλύνετε τυχόν άμυλα. Σκεπάζουμε το ρύζι με κρύο νερό και το αφήνουμε να μουλιάσει για 2 ώρες. Στραγγίζουμε το ρύζι από ένα λεπτό κόσκινο.

b) Ξεπλύνετε δύο καλάθια ατμομάγειρα από μπαμπού και τα καπάκια τους κάτω από κρύο νερό και τοποθετήστε ένα καλάθι στο γουόκ. Ρίξτε 2 ίντσες νερό ή τόσο ώστε η στάθμη του νερού να φτάσει πάνω από το κάτω χείλος του ατμομάγειρα κατά ¼ έως ½ ίντσα αλλά όχι τόσο ψηλά ώστε το νερό να αγγίζει το κάτω μέρος του ατμομάγειρα.

c) Στρώνουμε ένα πιάτο με ένα κομμάτι τυρί και προσθέτουμε το μισό μουλιασμένο ρύζι στο πιάτο. Τοποθετήστε 2 λουκάνικα και το μισό μποκ τσόι από πάνω και δέστε χαλαρά το τυρόπανο ώστε να υπάρχει αρκετός χώρος γύρω από το ρύζι ώστε να μπορεί να επεκταθεί. Τοποθετήστε το πιάτο στο καλάθι του ατμού. Επαναλάβετε τη διαδικασία με ένα άλλο πιάτο, περισσότερη τυροπίνα και το υπόλοιπο λουκάνικο και το μποκ τσόι στο δεύτερο καλάθι του ατμομάγειρα, στη συνέχεια τοποθετήστε το πάνω από το πρώτο και καλύψτε το.

d) Χαμηλώνουμε τη φωτιά σε μέτρια προς δυνατή και βάζουμε το νερό να βράσει. Βράζουμε το ρύζι στον ατμό για 20 λεπτά, ελέγχοντας συχνά τη στάθμη του νερού και προσθέτοντας περισσότερο όσο χρειάζεται.

e) Ενώ το ρύζι βράζει στον ατμό, σε μια μικρή κατσαρόλα ζεσταίνουμε το φυτικό λάδι σε μέτρια φωτιά μέχρι να αρχίσει να καπνίζει. Σβήνουμε τη φωτιά και προσθέτουμε το ασκαλώνιο, το τζίντζερ και το σκόρδο. Ανακατεύουμε μαζί και προσθέτουμε την ελαφριά σόγια, τη μαύρη σόγια, το κρασί ρυζιού, το σησαμέλαιο και μια πρέζα ζάχαρη. Αφήνουμε στην άκρη να κρυώσει.

f) Όταν το ρύζι είναι έτοιμο, λύνουμε προσεκτικά το τυρόπανο και μεταφέρουμε το ρύζι και το bok choy σε μια πιατέλα. Κόβουμε τα λουκάνικα διαγώνια και τα τοποθετούμε πάνω από το ρύζι. Σερβίρετε με το έλαιο σόγιας τζίντζερ στο πλάι.

96. Σούπα μοσχαρίσιο νουντλς

ΣΥΣΤΑΤΙΚΑ:

- ¾ κιλό μοσχαρίσια κόντρα φιλέτου, κομμένα σε λεπτές φέτες κατά μήκος του κόκκου
- 2 κουταλάκια του γλυκού μαγειρική σόδα
- 4 κουταλιές της σούπας κρασί από ρύζι Shaoxing, χωρισμένο
- 4 κουταλιές της σούπας ελαφριά σάλτσα σόγιας, χωρισμένες
- 2 κουταλάκια του γλυκού άμυλο καλαμποκιού, χωρισμένο
- 1 κουταλάκι του γλυκού ζάχαρη
- Φρεσκοτριμμένο μαύρο πιπέρι
- 3 κουταλιές της σούπας φυτικό λάδι, χωρισμένες
- 2 κουταλάκια του γλυκού κινέζικα πέντε μπαχαρικά σε σκόνη
- 4 καθαρισμένες φέτες φρέσκου τζίντζερ
- 2 σκελίδες σκόρδο, ξεφλουδισμένες και κομμένες
- 4 φλιτζάνια ζωμό βοδινού
- ½ κιλό αποξηραμένα κινέζικα νουντλς (οποιουδήποτε τύπου)
- 2 κεφαλές baby bok choy, τεταρτημένες
- 1 κουταλιά της σούπας λάδι κρεμμυδιού-τζίντζερ

ΟΔΗΓΙΕΣ:

a) Σε ένα μικρό μπολ, ρίξτε το βόειο κρέας με τη μαγειρική σόδα και αφήστε το να καθίσει για 5 λεπτά. Ξεπλύνετε το βόειο κρέας και στεγνώστε με χαρτί κουζίνας.

b) Σε ένα άλλο μπολ, ρίξτε το μοσχάρι με το κρασί από ρύζι, τη σόγια ελαφριά, το καλαμποκάλευρο, τη ζάχαρη, αλάτι και πιπέρι. Μαρινάρω.

c) Σε ένα ποτήρι μεζούρα, ανακατέψτε τις υπόλοιπες 3 κουταλιές της σούπας κρασί από ρύζι, 3 κουταλιές της σούπας ελαφριά σόγια και 1 κουταλάκι του γλυκού άμυλο αραβοσίτου και αφήστε το στην άκρη.

d) Ζεσταίνουμε ένα γουόκ σε μέτρια προς δυνατή φωτιά μέχρι να ροδίσει μια σταγόνα νερού και να εξατμιστεί όταν έρθει σε επαφή. Ρίχνουμε 2 κουταλιές της σούπας φυτικό λάδι και ανακατεύουμε να καλύψει τη βάση του γουόκ. Προσθέστε το βόειο κρέας και τη σκόνη πέντε μπαχαρικών και μαγειρέψτε για 3 έως 4 λεπτά, ανακατεύοντας περιστασιακά, μέχρι να ροδίσουν ελαφρά.

Μεταφέρετε το μοσχάρι σε ένα καθαρό μπολ και το αφήνετε στην άκρη.

e) Σκουπίζουμε το γουόκ και το επαναφέρουμε σε μέτρια φωτιά. Προσθέστε την υπόλοιπη 1 κουταλιά της σούπας φυτικό λάδι και ανακατέψτε για να καλύψει τη βάση του γουόκ. Προσθέστε το τζίντζερ, το σκόρδο και μια πρέζα αλάτι για να καρυκεύσετε το λάδι. Αφήστε το τζίντζερ και το σκόρδο να σιγοβράσουν στο λάδι για περίπου 10 δευτερόλεπτα, ανακινώντας απαλά.

f) Ρίχνουμε μέσα το μείγμα της σάλτσας σόγιας και αφήνουμε να πάρει μια βράση. Ρίχνουμε μέσα το ζωμό και ξαναβράζουμε. Αφήνουμε να σιγοβράσει και επιστρέφουμε το βόειο κρέας στο γουόκ. Σιγοβράζουμε για 10 λεπτά.

g) Εν τω μεταξύ, βάζετε μια μεγάλη κατσαρόλα με νερό να βράσει σε δυνατή φωτιά. Προσθέστε τα noodles και μαγειρέψτε ανά συσκευασία. Χρησιμοποιώντας ένα skimmer γουόκ, αφαιρέστε τα noodles και στραγγίστε τα. Προσθέστε το bok choy στο βραστό νερό και μαγειρέψτε για 2 έως 3 λεπτά, μέχρι να γίνει ανοιχτό πράσινο και τρυφερό. Αφαιρέστε το bok choy και τοποθετήστε το σε ένα μπολ. Χρησιμοποιώντας λαβίδες, ρίξτε τα noodles με το λάδι κρεμμυδιού-τζίντζερ για να καλυφθούν. Μοιράζουμε τα noodles και το bok choy σε μπολ σούπας.

97. Νουντλς σκόρδου

ΣΥΣΤΑΤΙΚΑ:

● ½ κιλό φρέσκα κινέζικα νουντλς αυγών, μαγειρεμένα
● 2 κουταλιές της σούπας σησαμέλαιο, χωρισμένες
● 2 κουταλιές της σούπας καστανή ζάχαρη
● 2 κουταλιές της σούπας σάλτσα στρειδιών
● 1 κουταλιά της σούπας ελαφριά σάλτσα σόγιας
● ½ κουταλάκι του γλυκού αλεσμένο λευκό πιπέρι
● 6 κουταλιές της σούπας ανάλατο βούτυρο
● 8 σκελίδες σκόρδο, ψιλοκομμένες
● 6 κρεμμύδια, κομμένα σε λεπτές φέτες

ΟΔΗΓΙΕΣ:

a) Περιχύνετε τα noodles με 1 κουταλιά της σούπας σησαμέλαιο και τα ανακατεύετε. Αφήνω στην άκρη.

b) Σε ένα μικρό μπολ, ανακατέψτε μαζί την καστανή ζάχαρη, τη σάλτσα στρειδιών, τη σόγια ελαφριά και το λευκό πιπέρι. Αφήνω στην άκρη.

c) Ζεσταίνουμε ένα γουόκ σε μέτρια προς δυνατή φωτιά και λιώνουμε το βούτυρο. Προσθέστε το σκόρδο και το μισό κρεμμύδι. Τηγανίζουμε για 30 δευτερόλεπτα.

d) Ρίχνουμε τη σάλτσα και ανακατεύουμε να ενωθούν με το βούτυρο και το σκόρδο. Αφήνουμε τη σάλτσα να σιγοβράσει και προσθέτουμε τα noodles. Ρίξτε τα noodles να καλυφθούν με σάλτσα μέχρι να ζεσταθούν.

98. Noodles Σιγκαπούρης

ΣΥΣΤΑΤΙΚΑ:

- ½ κιλό νουντλς φιδέ αποξηραμένου ρυζιού
- ½ κιλό μέτριες γαρίδες, ξεφλουδισμένες και ξεφλουδισμένες
- 3 κουταλιές της σούπας λάδι καρύδας, χωρισμένες
- Αλάτι kosher
- 1 μικρό λευκό κρεμμύδι, κομμένο σε λεπτές λωρίδες
- ½ πράσινη πιπεριά, κομμένη σε λεπτές λωρίδες
- ½ κόκκινη πιπεριά, κομμένη σε λεπτές λωρίδες
- 2 σκελίδες σκόρδο, ψιλοκομμένες
- 1 φλιτζάνι αρακάς κατεψυγμένος, ξεπαγωμένος
- ½ κιλό κινέζικο ψητό χοιρινό, κομμένο σε λεπτές λωρίδες
- 2 κουταλάκια του γλυκού σκόνη κάρυ
- Φρεσκοτριμμένο μαύρο πιπέρι
- Χυμός από 1 λάιμ
- 8 με 10 φρέσκα κλωνάρια κόλιανδρου

ΟΔΗΓΙΕΣ:

a) Βάλτε μια μεγάλη κατσαρόλα με νερό να βράσει σε δυνατή φωτιά. Σβήνουμε τη φωτιά και προσθέτουμε τα noodles. Μουλιάζουμε για 4 με 5 λεπτά, μέχρι να γίνουν αδιαφανή τα noodles. Στραγγίζουμε προσεκτικά τα noodles σε ένα σουρωτήρι. Ξεπλένουμε τα noodles με κρύο νερό και τα αφήνουμε στην άκρη.

b) Σε ένα μικρό μπολ αλατοπιπερώνετε τις γαρίδες με τη σάλτσα ψαριού (αν χρησιμοποιείτε) και τις αφήνετε στην άκρη για 5 λεπτά. Εάν δεν θέλετε να χρησιμοποιήσετε σάλτσα ψαριού, χρησιμοποιήστε μια πρέζα αλάτι για να καρυκεύσετε τις γαρίδες.

c) Ζεσταίνουμε ένα γουόκ σε μέτρια προς δυνατή φωτιά μέχρι να ροδίσει μια σταγόνα νερού και να εξατμιστεί όταν έρθει σε επαφή. Ρίχνουμε 2 κουταλιές της σούπας λάδι καρύδας και ανακατεύουμε να καλύψει τη βάση του γουόκ. Αλατοπιπερώνουμε το λάδι προσθέτοντας μια μικρή πρέζα αλάτι. Προσθέστε τις γαρίδες και τηγανίστε τις για 3 έως 4 λεπτά ή μέχρι να γίνουν ροζ οι γαρίδες. Μεταφέρετε σε ένα καθαρό μπολ και αφήστε το στην άκρη.

d) Προσθέστε την υπόλοιπη 1 κουταλιά της σούπας λάδι καρύδας και ανακινήστε για να καλύψετε το γουόκ. Τηγανίζουμε το κρεμμύδι, τις πιπεριές και το σκόρδο για 3 έως 4 λεπτά, μέχρι να μαλακώσουν τα κρεμμύδια και οι πιπεριές. Προσθέστε τον αρακά και ανακατέψτε μέχρι να ζεσταθεί, περίπου άλλο ένα λεπτό.

e) Προσθέστε το χοιρινό και επιστρέψτε τις γαρίδες στο γουόκ. Ανακατεύουμε με τη σκόνη κάρυ και αλατοπιπερώνουμε. Προσθέστε τα noodles και ανακατέψτε να ενωθούν. Τα noodles θα αποκτήσουν ένα λαμπερό χρυσοκίτρινο χρώμα καθώς συνεχίζετε να τα ρίχνετε απαλά με τα άλλα υλικά. Συνεχίζουμε το τηγάνισμα και το ανακάτεμα για περίπου 2 λεπτά, μέχρι να ζεσταθούν τα νουντλς.

f) Μεταφέρετε τα noodles σε μια πιατέλα, περιχύνετε με το χυμό λάιμ και γαρνίρετε με τον κόλιανδρο. Σερβίρετε αμέσως.

99. Γυάλινα Noodles με λάχανο Napa

ΣΥΣΤΑΤΙΚΑ:

- ½ κιλό αποξηραμένα νουντλς γλυκοπατάτας ή νουντλς φασολιών mung
- 2 κουταλιές της σούπας ελαφριά σάλτσα σόγιας
- 2 κουταλάκια του γλυκού σάλτσα μαύρης σόγιας
- 1 κουταλιά της σούπας σάλτσα στρειδιών
- 1 κουταλάκι του γλυκού ζάχαρη
- 2 κουταλιές της σούπας φυτικό λάδι
- 2 καθαρισμένες φέτες φρέσκου τζίντζερ
- Αλάτι kosher
- 1 κουταλάκι του γλυκού κόκκοι πιπεριού Σετσουάν
- 1 μικρό κεφάλι λάχανο νάπα, κομμένο σε μπουκιές
- ½ κιλό πράσινα φασόλια, κομμένα και κομμένα στη μέση
- 3 κρεμμυδάκια, χοντροκομμένα

ΟΔΗΓΙΕΣ:

a) Σε ένα μεγάλο μπολ, μαλακώστε τα noodles μουλιάζοντάς τα σε ζεστό νερό για 10 λεπτά ή μέχρι να μαλακώσουν. Στραγγίζουμε προσεκτικά τα noodles σε ένα σουρωτήρι. Ξεπλένουμε με κρύο νερό και αφήνουμε στην άκρη.

b) Σε ένα μικρό μπολ, ανακατέψτε την ελαφριά σόγια, τη μαύρη σόγια, τη σάλτσα στρειδιών και τη ζάχαρη. Αφήνω στην άκρη.

c) Ζεσταίνουμε ένα γουόκ σε μέτρια προς δυνατή φωτιά μέχρι να ροδίσει μια σταγόνα νερού και να εξατμιστεί όταν έρθει σε επαφή. Ρίχνουμε το λάδι και ανακατεύουμε να καλύψει τη βάση του γουόκ. Αλατοπιπερώστε το λάδι προσθέτοντας το τζίντζερ, μια μικρή πρέζα αλάτι και τους κόκκους πιπεριού Σετσουάν. Αφήστε το τζίντζερ να ροδίσει στο λάδι για περίπου 30 δευτερόλεπτα, στροβιλίζοντας απαλά. Αφαιρέστε το τζίντζερ και τους κόκκους πιπεριού και πετάξτε.

d) Προσθέστε το λάχανο νάπα και τα πράσινα φασόλια στο γουόκ και ανακατέψτε, ανακατεύοντας και αναποδογυρίζοντας για 3 έως 4 λεπτά, μέχρι να μαραθούν τα λαχανικά. Ρίχνουμε τη σάλτσα και ανακατεύουμε να ενωθούν.

e) Προσθέστε τα noodles και ανακατέψτε να ενωθούν με τη σάλτσα και τα λαχανικά. Σκεπάζουμε και χαμηλώνουμε τη φωτιά σε μέτρια. Μαγειρέψτε για 2 έως 3 λεπτά ή μέχρι τα νουντλς να γίνουν διάφανα και τα πράσινα φασόλια να μαλακώσουν.

f) Δυναμώνουμε τη φωτιά σε μέτρια προς υψηλή και ξεσκεπάζουμε το γουόκ. Τηγανίζουμε, ανακατεύοντας και σκουπίζοντας για άλλα 1 με 2 λεπτά, μέχρι να δέσει ελαφρώς η σάλτσα. Μεταφέρετε σε πιατέλα και γαρνίρετε με τα κρεμμυδάκια. Σερβίρετε ζεστό.

100. Χάκα χυλοπίτες

ΣΥΣΤΑΤΙΚΑ:

- ¾ κιλό φρέσκα noodles με βάση το αλεύρι
- 3 κουταλιές της σούπας σησαμέλαιο, χωρισμένες
- 2 κουταλιές της σούπας ελαφριά σάλτσα σόγιας
- 1 κουταλιά της σούπας ξύδι ρυζιού
- 2 κουταλάκια του γλυκού καστανή ζάχαρη
- 1 κουταλάκι του γλυκού sriracha
- 1 κουταλάκι του γλυκού λάδι τσίλι
- Αλάτι kosher
- Αλεσμένο λευκό πιπέρι
- 2 κουταλιές της σούπας φυτικό λάδι
- 1 κουταλιά της σούπας καθαρισμένο και ψιλοκομμένο φρέσκο τζίντζερ
- ½ κεφάλι πράσινο λάχανο, ψιλοκομμένο
- ½ κόκκινη πιπεριά, κομμένη σε λεπτές λωρίδες
- ½ κόκκινο κρεμμύδι, κομμένο σε λεπτές κάθετες λωρίδες
- 1 μεγάλο καρότο, καθαρισμένο και ζουλιέν
- 2 σκελίδες σκόρδο, ψιλοκομμένες
- 4 κρεμμύδια, κομμένα σε λεπτές φέτες

ΟΔΗΓΙΕΣ:

a) Βάζουμε μια κατσαρόλα με νερό να βράσει και μαγειρεύουμε τα noodles σύμφωνα με τις οδηγίες της συσκευασίας. Στραγγίζουμε, ξεπλένουμε και περιχύνουμε με 2 κουταλιές της σούπας σησαμέλαιο. Αφήνω στην άκρη.

b) Σε ένα μικρό μπολ, ανακατέψτε μαζί την ελαφριά σόγια, το ξύδι ρυζιού, την καστανή ζάχαρη, τη σριράτσα, το λάδι τσίλι και μια πρέζα αλάτι και λευκό πιπέρι. Αφήνω στην άκρη.

c) Ζεσταίνουμε ένα γουόκ σε μέτρια προς δυνατή φωτιά μέχρι να ροδίσει μια σταγόνα νερού και να εξατμιστεί όταν έρθει σε επαφή. Ρίξτε το φυτικό λάδι και ανακατέψτε για να καλύψει τη βάση του γουόκ. Αλατοπιπερώστε το λάδι προσθέτοντας το τζίντζερ και μια μικρή πρέζα αλάτι. Αφήστε το τζίντζερ να ροδίσει στο λάδι για περίπου 10 δευτερόλεπτα, στροβιλίζοντας απαλά.

d) Προσθέστε το λάχανο, την πιπεριά, το κρεμμύδι και το καρότο και ανακατέψτε για 4 έως 5 λεπτά ή μέχρι να μαλακώσουν τα λαχανικά και το κρεμμύδι να αρχίσει να καραμελώνει ελαφρώς. Προσθέστε το σκόρδο και ανακατέψτε μέχρι να μυρίσει, περίπου 30 δευτερόλεπτα ακόμη. Ανακατεύουμε το μείγμα της σάλτσας και αφήνουμε να πάρει μια βράση. Χαμηλώνουμε τη φωτιά σε μέτρια και σιγοβράζουμε τη σάλτσα για 1 με 2 λεπτά. Προσθέστε τα κρεμμύδια και ανακατέψτε να ενωθούν.

e) Προσθέστε τα noodles και ανακατέψτε να ενωθούν. Δυναμώνουμε τη φωτιά σε μέτρια προς δυνατή και τηγανίζουμε για 1 με 2 λεπτά για να ζεσταθούν τα noodles. Μεταφέρετε σε μια πιατέλα, περιχύστε με την υπόλοιπη 1 κουταλιά της σούπας σησαμέλαιο και σερβίρετε ζεστό.

ΣΥΜΠΕΡΑΣΜΑ

Το Φαγητό στο σπίτι δεν είναι απλώς ένα βιβλίο μαγειρικής, αλλά ένα ταξίδι στον ποικίλο και γευστικό κόσμο της κινέζικης κουζίνας. Με τις 100 λαχταριστές συνταγές, η καθεμία συνοδευόμενη από μια υπέροχα χρωματισμένη εικόνα, αυτό το βιβλίο μαγειρικής παρέχει έμπνευση και καθοδήγηση για να αναπαράγετε τα αγαπημένα σας κινέζικα πιάτα σε πακέτο στο σπίτι.

Καθώς εξερευνάτε τις διαφορετικές συνταγές, θα ανακαλύψετε τα μυστικά πίσω από τις τολμηρές και περίπλοκες γεύσεις της κινέζικης κουζίνας. Θα μάθετε επίσης πώς να χρησιμοποιείτε παραδοσιακά κινέζικα υλικά και τεχνικές για να ανεβάζετε τη μαγειρική στο σπίτι σας στο επόμενο επίπεδο.

Μέχρι να φτάσετε στο τέλος αυτού του βιβλίου μαγειρικής, θα έχετε αποκτήσει μια νέα εκτίμηση για την τέχνη της κινέζικης μαγειρικής και τις ατελείωτες δυνατότητες που προσφέρει. Είτε θέλετε να εντυπωσιάσετε τους καλεσμένους σας στο δείπνο σας είτε απλά να απολαύσετε ένα νόστιμο γεύμα με την οικογένειά σας, το Φαγητό στο σπίτι θα γίνει ένας πολύτιμος πόρος που θα επιστρέφετε ξανά και ξανά

Ingram Content Group UK Ltd.
Milton Keynes UK
UKHW020610130723
425056UK00006B/23